La chose constatée devant le Comité des droits de l'homme des Nations Unies

Émergences Africaines

Dirigée par Magloire KEDE ONANA

La collection « ÉMERGENCES AFRICAINES » se propose de renverser des certitudes faciles. Nous sommes convaincus que l'Afrique, longtemps considérée comme en retrait, s'ouvre au monde, et est plus que jamais au cœur des enjeux. Son Histoire ne doit plus s'écrire ailleurs, par des continents eux-mêmes en crise de modèles à proposer/imposer.

Une nouvelle génération très entreprenante d'Africains et d'Africanistes existe aujourd'hui, qui problématise et réécrit l'Histoire du continent dans toutes ses facettes, et par une approche multidisciplinaire. Il s'agit de dévoiler une Afrique des « Bonnes Nouvelles » : celle qui, parce que plus ouverte au monde, présente tous ses atouts d'émergence.

Dernière arrivée dans la compétition mondiale, l'Afrique est capable d'apporter un élan différent à la mondialisation grâce à son devenir, qui est subordonné à son être.

Déjà parus

René NGEK MONTEH, *A chronicle of ethnic strife and peace building in the North West Region of Cameroon. The Oku - Mbesa predicament, 1942-2017,* 2021.

Aminata TOURÉ, *La justice sénégalaise et les crimes internationaux au Tchad 1982-1990. Contribution africaine à l'avancée du Droit Pénal International*, 2020

Pr Roger Bernard ONOMO ETABA, Dr Béatrice BELLINI, Dr Magloire KEDE ONANA, Michael BUECHI, Kléber BIBOUM, *Cameroun : normes et sécurité pour un tourisme durable. Actes du Forum Mercatour 2018*, 2020

René NGEK MONTEH, Solomon NSAH KEKEISEN, *Challenges of non-governmental organisations (NGOs) in conflict resolution in the North West Region of Cameroon, 1990-2010,* 2020.

Luc NDJODO, *L'exercice du ministère public à la juridiction des comptes au Cameroun*, 2020

Guy David Mbara A Betsem

La chose constatée devant le Comité des droits de l'homme des Nations Unies

Contribution à la théorie de l'expertise internationale

Préface de Julien Cazala

L'Harmattan

***

5-7, rue de l'École-Polytechnique – 75005 Paris
www.editions-harmattan.fr
ISBN : 978-2-343-24146-3
EAN : 9782343241463

« Même si la fonction conférée au Comité des droits de l'homme pour examiner des communications émanant de particuliers n'est pas en soi celle d'un organe judiciaire, les ***constatations*** *qu'il adopte en vertu du Protocole facultatif présentent certaines caractéristiques principales d'une décision judiciaire. Elles sont le résultat d'un examen qui se déroule dans un esprit judiciaire, marqué notamment par l'impartialité et l'indépendance des membres du Comité, l'interprétation réfléchie du libellé du Pacte et le caractère déterminant de ses décisions »*. Comité des droits de l'homme des Nations Unies, Observation générale n°33 : Les obligations des États parties en vertu du Protocole facultatif se rapportant au Pacte international des droits civils et politiques, Doc off CES NU, 2009, Doc NU CCPR/C/GC/33.

REMERCIEMENTS

Que me reste-t-il comme mérite si je dois la réalisation de ce modeste ouvrage à tant **d'âmes charitables**…

Tous les mots de l'univers ne sauraient exprimer avec exactitude ma **gratitude,** peut-être, un « merci » et encore…

Pour votre **soutien** scientifique, matériel et affectif…

À mes ami(es), nous avons pris « un engagement des plus solennels » pour la vie ;

À ma famille, si j'avais agi autrement « toutes mes œuvres auraient été vaines », vous m'avez guidé « dans la bonne voie » et vous n'avez demandé pour cela « aucun salaire ».

SIGLES ET ABRÉVIATIONS

AFDI :	Annuaire français de droit international
AGNU :	Assemblée Générale des Nations Unies
AMDI :	Agence Marocaine de Développement des Investissements
APC :	Archive de Politique Criminelle
Art :	Article
Bull :	Bulletin
CADHP :	Cour Africaine des Droits de l'Homme et des Peuples
Cass :	Cassation
CAT :	Le Comité contre la torture
CDH (Comité) :	Le Comité des Droits de l'Homme des Nations Unies
CDI :	La Commission de Droit International
CEDH :	Cour Européenne des Droits de l'Homme

CCPR :	Covenant on Civil and Political Rights
CIADH :	Cour Interaméricaine des Droits de l'Homme
CIJ :	Cour Internationale de Justice
Civ :	Civil
Comm :	Communication
CPI :	Cour Pénale Internationale
CPJI :	Cour Permanente de Justice Internationale
Crim :	Criminel
DUDH :	Déclaration Universelle des Droits de l'Homme
Éd :	Édition
GTDV :	Groupe de Travail pour les Victimes
JCP :	Juris-Classeur Périodique
LGDJ :	Librairie Générale de Droit et de Jurisprudence
ONG :	Organisation Non Gouvernementale
ONU :	Organisation des Nations Unies
Op.cit. :	Opere citatis (ci-avant)
P :	Page
Para :	Paragraphe

PDESC :	Pacte des droits économiques sociaux et culturels
PIDCP (Pacte) :	Pacte international des droits civils et politiques
PUF :	Presses universitaires de France
Préc :	Précité
Protocole :	Protocole facultatif se rapportant au Pacte international relatif aux droits civils et politiques
RBDI :	Revue Belge de Droit International
RDP :	Revue du Droit Public
Rec :	Recueil
RCADI :	Recueil des Cours de l'Académie de droit international de La Haye
RICR :	Revue Internationale de la Croix-Rouge
RIDC :	Revue de Droit International et Comparé
RGDIP :	Revue Générale de Droit International Public
RIEJ :	Revue Interdisciplinaire d'Etudes Juridiques
RJE :	Revue Juridique de l'Environnement
SFDI :	Société Française de Droit International

RQDI :	Revue Québécoise de Droit International
RRJ :	Revue de la Recherche Juridique
RTD Civ :	Revue Trimestrielle de Droit Civil
RTDH :	Revue Trimestrielle de Droits de l'Homme
TANU :	Tribunal Administratif des Nations Unies
TPIR :	Tribunal Pénal International pour le Rwanda
TPIY :	Tribunal pénal International pour l'ex-Yougoslavie

PRÉFACE

Dans une certaine mesure, le Comité des droits de l'homme de l'Organisation des Nations Unies reste méconnu. Parfois confondu avec la Commission des droits de l'homme des Nations Unies, il est, dans toute étude relative à la protection internationale des droits de l'homme encore largement dans l'ombre de la Cour européenne des droits de l'homme (Conseil de l'Europe). La méconnaissance de cet organe est un paradoxe dans la mesure où pas moins de 173 États sont parties au Pacte international des Nations Unies relatif aux droits civils et politiques (1966) dont il assure la surveillance et le contrôle du respect. Il mérite pleinement qu'une attention particulière soit portée à son activité et l'on ne peut que saluer la publication par M. Guy David Mbara à Betsem de son ouvrage consacré à *La chose constatée devant le Comité des droits de l'homme des Nations Unies. Contribution à la théorie de l'expertise internationale.* La relative discrétion de l'activité du Comité méritait la belle mise en lumière que propose cet ouvrage.

Au-delà de ce que pourrait laisser supposer son titre en apparence restrictif, l'ouvrage de M. Mbara à Betsem propose une présentation très complète du Comité des droits de l'homme, institution de protection des droits de l'homme à vocation universelle. Fondamentalement, le Comité des droits de l'homme assure une double mission.

D'une part, les États parties, par la voie de rapports réguliers doivent rendre compte de la manière dont les règles et principes du Pacte sont mis en œuvre et respectés dans l'ordre interne. Cette dimension est représentative d'un renforcement des mécanismes de suivi des obligations internationales des États que l'on rencontre, au-delà de la protection des droits de l'homme, notamment en matière de protection de l'environnement. L'objectif des mécanismes de surveillance, bien développés dans le système des Nations Unies est, pour chaque organe compétent, dans l'exercice de leur pouvoir d'interprétation, de systématiser et clarifier leur approche afin d'aider les États parties à respecter leurs obligations internationales. Les observations générales du Comité des droits de l'homme bénéficient ainsi incontestablement d'une autorité que ne traduit pas leur absence de force obligatoire.

D'autre part sur le fondement du protocole au Pacte international relatif aux droits civils et politiques, entré en vigueur en 1976, « [t]out État partie au Pacte qui devient partie au présent Protocole reconnaît que le Comité a compétence pour recevoir et examiner des communications émanant de particuliers relevant de sa juridiction qui prétendent être victimes d'une violation, par cet État partie, de l'un quelconque des droits énoncés dans le Pacte ». Dans le cadre de l'examen de ces communications individuelles qui s'apparentent à des recours individuels, le Comité des droits de l'homme pourra faire part de ses constatations à l'État en cause et au particulier auteur du recours (protocole n° 1, art. 5.4). Cette mission qui semble s'apparenter à celle d'un juge, est au cœur de l'ouvrage de M. Mbara à Betsem qui en décrit toutes les subtilités. Au-delà de la présentation complète et précise des activités du Comité, l'intérêt fondamental réside dans la présentation des débats relatifs à la nature juridique de ces constatations (de violation) faites par le Comité des droits de l'homme. La notion n'étant pas expressément définie par le Pacte international relatif aux droits civils et politiques ou son protocole facultatif, le Comité des droits de l'homme a pu être tenté d'exercer avec une certaine audace la liberté qui lui semblait offerte dans l'appréciation des effets de ces constatations. Il a pu ainsi rapidement affirmer que les constatations qu'il opérait pouvaient être assimilées à de véritables décisions judiciaires. C'est évidemment particulièrement audacieux dans la mesure où cela ne trouve aucun fondement dans les instruments qui encadrent l'activité du Comité. Il est donc légitime que l'autorité de chose constatée soit débattue. C'est tout le mérite de l'ouvrage de M. Mbara à Betsem de mettre en lumière et de situer ce débat dans la théorie générale des sources du droit international tout en l'incorporant dans une présentation complète de l'identité et de l'activité du Comité des droits de l'homme. Le renforcement constant de la procédure de suivi des constatations du Comité des droits de l'homme vise à favoriser l'effectivité de la protection. Surtout, elle a très largement inspiré la pratique d'autres organes de l'Organisation des Nations Unies, tel le Comité contre la torture ou le Comité pour l'élimination de la discrimination raciale. Ce mécanisme de suivi ne vient pas transformer en norme obligatoire une constatation qui n'aurait pas cette qualité mais démontre bien que l'auteur de la constatation attend que celle-ci soit suivie d'effets. On est bien ici au point de contact entre le *hard law* et le *soft law* qui nourrit tant de débats dans l'ordre international.

Le débat, qui pourrait être étendu à d'autres organes analogues au Comité des droits de l'homme des Nations Unies est remarquablement bien cadré par l'auteur. On pourra exprimer quelques réserves quant à certaines conclusions qui voient l'auteur glisser peut-être rapidement de la recommandation à l'obligation (mais la même observation pourrait être faite pour le Comité des droits de l'homme lui-même) et de l'obligatoire à l'impératif, mais cela contribue à nourrir le débat sans nuire au grand intérêt que procure la lecture de cet ouvrage.

L'ouvrage que M. Mbara à Betsem consacre au Comité des droits de l'homme vient rappeler que cette institution onusienne remplit une mission d'une importance capitale et constitue un objet d'étude des plus pertinents pour toute personne s'intéressant au droit international et à la protection des droits de l'homme. Il invite, sans négliger l'étude de l'activité de la Cour européenne des droits de l'homme, à regarder bien-au-delà de Strasbourg quels sont les mécanismes permettant d'assurer, par des voies spécifiques, l'effectivité de la protection internationale des droits de l'homme.

Julien CAZALA
Professeur de Droit Public
Université Sorbonne Paris Nord
Directeur de l'institut de droit public, sciences politiques et sociales (IDPS)

SOMMAIRE

INTRODUCTION GÉNÉRALE

1. À l'image de la procédure civile, entendue comme l'ensemble des formalités par lesquelles un litige, une difficulté d'ordre juridique peuvent être soumis à un tribunal[1], le mécanisme de plainte individuelle en vigueur devant le Comité des droits de l'homme des Nations Unies, *« est avant tout un droit de praticien fait par eux pour eux beaucoup plus que pour les justiciables »*[2], victimes des violations des droits de l'homme universellement consacrés par le Pacte International des droits civils et Politiques[3]. Loin d'être une petite fille de *Thémis* à la mauvaise réputation [4] pour sa texture de droit souple [5], le *« déroulement des procédures individuelles devant l'organe de suivi et de contrôle du comité est parmi les plus simples que le droit international ait mis en place, du moins en théorie »*[6]. Cette apparente simplicité n'est qu'un leurre dans la mesure où les « décisions » du CDH ne cessent de soulever des questions sur leurs valeurs. Il en est de même des mesures qu'il adopte notamment le caractère non

---

[1] Guinchard (S.), Chainais (C.) et Ferrand (F.), *Procédure civile. Droit interne et droit de l'Union européenne*, 31ème éd., Dalloz, 2012, n°1, p. 1.

[2] Wierderkehr (G.), « Sens, Signifiance et Signification de l'autorité de la chose jugée », *in Mélanges Normand*, éd. du Juris-Classeur, 2003, pp. 507 – 518.

[3] ONU, Assemblée générale, Pacte international relatif aux droits civils et politiques, Rés 2280 A (XXI) du 16 décembre 1966. Entrée en vigueur le 23 mars 1976, conformément aux dispositions de l'article 49.

[4] Guinchard (S.), Chainais (C.) et Ferrand (F.), *Procédure civile, op.cit.*, p. 2.

[5] Thibierge (C.), « Le droit souple (réflexion sur les textures du droit) », *Revue trimestrielle de droit civil*, 102 (4), 2003, p. 599 et s.

[6] Quirico (O.), « Droit « Flou », Droit « Doux » ou Droit « Mou » ? Brèves réflexions sur la « texture » des mesures conservatoires et des constatations dans les procédures individuelles devant le comité des droits de l'homme », *in Unité et diversité du droit international*, Martinus Nijhoff Publishers, Leiden. Boston, 2014, pp. 875-887.

contraignant de ses constatations[7]. Ainsi, malgré cette simplicité, l'on est tenté d'affirmer que la petite fille de *Thémis* à la mauvaise réputation dans le contentieux international en matière de droits de l'homme, est en réalité la « *chose constatée devant le Comité des droits de l'homme des Nations Unies* ».

2. Propice aux réflexions théoriques[8], parce que « *passablement mystérieuse* »[9], la notion fondamentale de chose constatée n'est pas simplement une question d'école[10], car elle suscite en droit international des discussions dont le contenu est loin d'être épuisé quarante-cinq ans après l'entrée en vigueur du protocole facultatif se rapportant au PIDCP[11]. Forgée par la doctrine internationaliste[12], le concept de « *chose constatée* » est propre à l'activité quasi-judiciaire[13] du Comité des droits de l'homme et intimement lié à la notion de « *constatation* ». Dans le cadre du contentieux qui échoit à sa compétence,

---

[7] Sudre (F.*), Droit européen et international des droits de l'homme*, Paris, PUF, 2003, p. 605.

[8] Blery (C.), « Qu'est-ce que l'autorité de la chose jugée ? Une question d'école ? », *Procédures,* août 2007, étude 11, P 6 et s.

[9] Audit (T.) et Le Bars (T.), « Avant-propos », *in Regards croisés sur l'autorité de la chose jugée, Procédures,* août 2007, p. 5.

[10] *Ibid.*

[11] Adopté et ouvert à la signature, à la ratification et à l'adhésion par l'Assemblée générale dans sa résolution 2200 A (XXI) du 16 décembre 1966. Entrée en vigueur le 23 mars 1976 conformément aux dispositions de l'article 9.

[12] Chanet (C.), « Le système des communications et l'avenir du contentieux », *in Les Nations Unies et les droits de l'homme* (dir) Emmanuel Décaux, Pédone, Paris, 2006, p 273. Sudre (F.), Droit européen et international des droits de l'homme, PUF, Paris, 6ème éd., 2003, p 605.

[13] Santulli (C.*), Droit du contentieux international,* coll Domat droit public, Montchrestien, Paris, 2005, p. 80. ; Albine (G.), « Les observations générales, une technique d'élargissement des droits de l'homme », *RTDH*, 2008, p. 74.

« *le comité fait part de ses constatations à l'État partie intéressé et au particulier* ». Il s'agit donc de mettre en évidence le contenu de la notion de constatation avant de fixer les idées sur la chose constatée, car la définition qui traduit un souci d'affinement conceptuel[14] est un temps fort de la démarche du juriste[15]. La précision du concept de « *constatation* » sera donc le gage de l'intelligibilité de la notion de « *chose constatée* ».

3. La notion de *« constatation »* n'a pas été proprement définie par le PIDCP. À certains égards, ce mutisme peut justifier l' « *imprécision rédactionnelle* »[16] qui a prévalu dans les négociations des Pactes de 1966. Cependant, l'interprétation du PIDCP a permis au comité de préciser dans son *« observation générale relative aux obligations des États Parties en vertu du protocole facultatif* » que les constatations ne sont autres que des « *décisions judiciaires* », même si *« la fonction conférée au Comité des droits de l'homme pour examiner les communications émanant des particuliers n'est pas en soi celle d'un organe judiciaire »*[17]. Donc, ce serait des « décisions » qu'on peut assimiler à des jugements ou des arrêts adoptés à l'issu de l'examen des communications individuelles. Pour mieux comprendre l'objet de cette étude, il convient aussi de cerner les contours de la notion de constat qui constitue

[14] Flory (M.), « Les définitions en droit international », *Revue de recherche juridique*. Droit prospectif, 1986/4, p. 90.

[15] Touonang Tekendo (T.), *Les obligations objectives en droit international,* Thèse, Yaoundé II, 2012, p. 18.

[16] Delas (O.), Thouvenot (M.) et Bergeron-Boutin (V.), « Quelques considérations entourant la portée des décisions du comité des droits de l'homme », *RQDI*, 30.2 (2017), pp. 1 - 49.

[17] CDH, Observation générale n°33 : Les obligations des États parties en vertu du protocole facultatif se rapportant au pacte international relatif aux droits civils et politiques, Doc off CES.NU, 2009, Doc NUCCPR/C/GC33.

l'essentiel de la *chose constatée*. En effet, le verbe *constater* dans le vocabulaire du CDH veut dire mettre en évidence l'absence ou l'existence de violations imputables à l'État, après avoir recherché les éléments matériels qui permettent d'établir la vérité des faits sur une situation donnée. Constater une violation du Pacte *« revient alors à en établir la réalité. C'est l'identifier au regard de ses critères, la reconnaitre, certifier que les éléments que présente le requérant au soutien de ses prétentions matérialisent effectivement* »[18] la violation qu'il invoque dans le cadre d'une communication individuelle. Cette dernière procédure est d'ailleurs précisée par le règlement intérieur du CDH qui détermine le déroulement de la procédure de communication. En réalité, la procédure devant le CDH se déroule dans un esprit judiciaire[19]. Elle commence par la mise en mouvement d'une action en justice[20] et se termine par l'adoption d'une décision qu'on appelle constatation. L'acceptation expresse de la compétence du Comité par l'État, la souplesse de l'appréciation des conditions de recevabilité ainsi que le respect du principe de subsidiarité, sont des éléments qui attestent de ce que la procédure de plainte individuelle s'apparente à une procédure judiciaire internationale[21] au service des droits de l'homme.

---

[18] Mballa Emotho (B.C.), *Voie de fait administrative et compétence juridictionnelle au Cameroun*, Thèse, Dschang, 2020, p. 53.

[19] Yann (K.), « Aspects de droit international général dans la pratique des comités institués par les Nations Unies dans le domaine des droits de l'homme », *AFDI*, vol 58, pp. 699-713.

[20] Avant de rechercher si la communication est fondée, le comité doit examiner si elle est ou non recevable, c'est à dire l'existence d'un droit, un intérêt, la qualité ou la capacité. Les deux premières conditions relevant de l'existence de l'action, les deux dernières de son exercice.

[21] Delas (O.), Thouvenot (M.) et Bergeron-Boutin (V.), « Quelques considérations entourant la portée des décisions du comité des droits de l'homme », *op.cit.*, p. 36.

4. La liberté d'action qui domine la procédure de communication individuelle est perceptible à l'instance d'examen des plaintes. Cette liberté qui n'est autre que le principe d'initiative, s'exerce conformément aux principes classiques directeurs du procès judiciaire[22]. Il se dégage donc de la lecture combinée du protocole facultatif et du règlement intérieur du comité que cet organe de contrôle de l'application du pacte est un organe judiciarisé. Parce que ses constatations sont adoptées dans le respect des règles universelles du procès équitable, qu'il fonctionne comme les juridictions régionales de protection des droits de l'homme. Les principes directeurs du procès civil sont au cœur de ce modèle de justice internationale influencé par les règles du *soft law*. D'un point de vue pratique, l'instance internationale qu'on peut remarquer ici à travers l'examen des communications individuelles, met en évidence une série d'actes de procédure allant de la communication[23] jusqu'à la constatation par le comité au titre des plaintes individuelles. Décrire l'instance devant le CDH reviendrait à faire l'inventaire des formalités à accomplir, des délais à observer, auxquels il faut ajouter le lien d'instance[24].

5. Dans le processus de densification en droit international public, notamment des activités des organes de contrôle des droits de l'homme[25], la « *chose constatée* » est un moyen pour affirmer une certaine autorité des décisions du CDH.

---

[22] Sur la théorie des principes directeurs du procès, lire Verges (E.), *Les principes directeurs du procès judiciaire. Etude d'une catégorie juridique,* Thèse, Aix-Marseille, 2000, 523 p.

[23] Le mot communication s'assimile à une plainte ou une requête.

[24] Sur la notion de lien d'instance lire : Dalmais (M.-P.), *La notion d'instance,* Thèse, Paris II, 2000, 442 p.

[25] Cazala (J.), « Les tentatives de densification normative en droit international public. L'exemple de l'activité des organes de contrôle dans le domaine des droits de l'homme », C. Thibierge (dir), La densification normative, Paris, Mare & Martin, 2013, pp. 389-404.

Concept forgé par la doctrine internationale[26], la « *chose constatée* » est un attribut[27] non juridiquement exprimé par les pactes de 1966 ou les textes dérivés. Il est déduit de l'ensemble de la procédure qui commence par le dépôt de la plainte, se déploie avec son examen, la qualification et l'appréciation des violations des droits consacrés par le PIDCP. L'expression « *chose constatée* » est utilisée pour faire la différence entre les décisions juridictionnelles et les constatations du CDH[28]. En effet, la « *chose constatée* » fait partie de ces thématiques qui ont attiré l'attention depuis l'entrée en vigueur du protocole facultatif relatif au PIDCP. Les sujets sont rares qui, comme la chose constatée, cumulent en leur sein des aspects théoriques qu'il convient de relever tout au long de cette analyse, tout en présentant un intérêt pratique aussi capital que celui de réguler l'accès au CDH.

6. Créé à la faveur du PIDCP et du protocole facultatif se rapportant à ce pacte[29], le CDH des Nations Unies a été mis sur pied à l'issue d'âpres négociations entre les États de traditions et cultures diversifiées. Il « *n'est pas un organe de l'ONU, mais un organe conventionnel crée par les États parties au pacte international relatif aux droits civils et politiques conformément à l'article 28 du pacte* »[30]. Il est compétent pour connaître des cas de violations des droits

---

[26] Sudre (F.), *Droit européen et international des droits de l'homme, Paris*, PUF, 2003, p. 606 ; Chanet (C.), « Le système des communications et l'avenir du contentieux », Emmanuel Décaux (dir), Les nations unies et les droits de l'homme, *Pedone,* Paris, 2006, p. 273.

[27] Blery (C.), *L'efficacité substantielle des jugements civils,* Thèse, Caen, 1994, 397 p.

[28] Sudre (F.), *Droit européen et international des droits de l'homme, op.cit.*, p. 606.

[29] Henkin (L.), *The international Bill of rights : The covenant on civil and political* rights, New-york, Columbia University Press, 1981.

[30] Côté (M.-J.), « Le recours au comité des droits de l'homme de l'ONU : une illusion ? » *Les cahiers de droit*, 26(2), pp. 531-547.

fondamentaux, interpréter et s'assurer de la mise en œuvre du PIDCP à travers le mécanisme de surveillance. L'assemblée des États Parties a assigné en réalité au Comité trois fonctions à géométrie variable[31]. D'abord, la fonction de contrôle et de surveillance qui découle de la lettre du Pacte, c'est à dire l'obligation pour les États de faire des comptes rendus au comité sur la protection des droits fondamentaux des individus victimes de violations du pacte[32]. Cette fonction favorise le dialogue entre le CDH et l'État mis en cause à qui il est adressé des recommandations aux fins de mieux protéger les droits de la personne par l'application des dispositions du pacte.

7. Ensuite, la fonction d'interprétation des dispositions du PIDCP et ses protocoles. Ici, le comité, contrairement à ce qu'on pense de lui comme étant un organe de *soft law*, fait œuvre de pouvoir normatif en ce qu'il crée des obligations[33]. Enfin, la fonction que l'on pourrait qualifier de contentieux, en ce qu'elle s'apparente à une procédure judiciaire dont le premier acte de procédure n'est autre chose que la requête, et dont l'examen donne lieu à une constatation. Ces différentes fonctions à l'issue desquelles il résulte de véritables procédures[34] contentieuses et non

---

[31] Delas (O.), Thouvenot (M.) et Bergeron-Boutin (V.), « Quelques considérations entourant la portée des décisions du comité des droits de l'homme », *op cit*, p. 20.

[32] Article 40 (1) du PIDCP qui dispose que : « Les Etats parties au présent Pacte s'engagent à présenter des rapports sur les mesures qu'ils auront arrêtées et qui donnent effet aux droits reconnus dans le présent Pacte et sur les progrès réalisés dans la jouissance de ces droits :- Dans un délai d'un an à compter de l'entrée en vigueur du présent Pacte, pour chaque Etat partie intéressé en ce qui le concerne ; -Par la suite, chaque fois que le Comité en fera la demande. ».

[33] Belaid (S.), « Essai sur le pouvoir créateur et normatif du juge », *RIDC*, vol 27 octobre-décembre, 1975, pp. 955-958.

[34] Mose (E.) et Opsahl (T.), « The optional protocol to the international covenant on civil and political rights », 1981, (2) 21, Santa Clara LR,

contentieuses, donnent à penser que les constatations du comité *« tout comme les décisions judiciaires peuvent permettre la constitution d'un bloc de jurisprudence et d'un ensemble de principes jurisprudentiels qui portent sur des règles juridiques et non politiques »*[35]. À en croire Olivier Delas, Manon Thouvenot et Valérie Bergeron-Boutin, *« l'ensemble de ces éléments [fonctions] constitue autant d'arguments au soutien de l'idée que l'expertise en matière d'interprétation des obligations du PIDCP, et de ce que peut en constituer une violation, appartient au comité des droits de l'homme »*[36].

8. Il ne faut pas confondre dans cette réflexion l'autorité de la chose constatée et la chose constatée elle-même. De manière précise, la « *chose constatée* » doit être comprise comme l'objet, le résultat des « *constatations* » c'est-à-dire des décisions du CDH. Par analogie à la chose jugée, ce sont des violations des droits de l'homme qui ont été mises en évidence par le comité dans le cadre d'une « décision ». C'est d'une part l'énonciation par le comité-expert de ses conclusions sur les violations alléguées par l'auteur de la communication et d'autre part, l'énoncé des réparations. Il s'agit donc du contenu normatif des « *constatations* » du comité qui figurent dans ses conclusions. C'est dans cet ordre d'idées qu'on peut envisager la question de l'efficacité substantielle des constatations. Au-delà des significations sus relevées, l'idée d'expertise doit être considérée comme le socle autour duquel on essaiera de

---

271. Zuijdwijk (T.JM), « The right to petition the UN because of alleged violations of the human rights », (1981) 59 R du B. Can 103.

[35] Jouanet (E.), « La notion de jurisprudence internationale en question » *in La juridictionnalisation du droit international*, colloque de la SFDI de Lille, Paris, Pédone, 2003, p. 384.

[36] Delas (O.), Thouvenot (M.) et Bergeron-Boutin (V.), « Quelques considérations entourant la portée des décisions du comité des droits de l'homme », *op.cit.*, p. 23.

construire une théorie générale de la « *chose constatée* ». Sous la bannière de l'efficacité des constatations, il y aura lieu d'affirmer que la chose constatée, est en réalité comme la chose jugée, « *la modification de la situation de droit substantiel des parties* »[37] devant le comité. C'est en outre un faisceau d'obligations qui détermine un certain comportement des États responsables des violations des droits de l'homme. En d'autres termes, c'est une norme obligationnelle en ce qu'elle crée ou prescrit des obligations à l'intention de l'État fautif et dont la mise en œuvre participe de la protection des individus.

9. Si la chose constatée est moins contraignante en droit international, il n'en demeure pas moins que les obligations qu'elle véhicule font naître dans la conscience des États le *« sentiment (...) qu'un certain comportement est attendu d'eux, indépendamment de toute préférence personnelle »*[38]. Rattaché ainsi aux pouvoirs et à l'action du comité, le phénomène de la chose constatée est désormais identifiable. Il s'analyse donc en un monopole d'expertise reconnu au comité dans l'interprétation et la mise en œuvre du PICDP. De ce point de vue, le comité « *s'impose comme l'autorité interprétative du pacte* »[39], et que ses constats ne peuvent être remis en cause même par la CIJ. D'ailleurs dans l'exercice de ses fonctions, cette juridiction *« estime devoir accorder une grande considération à l'interprétation adoptée par[le comité des droits de*

---

[37] Héron, *Droit judiciaire privé*, 4ème éd., 2010, Montchrestien, n°34.
[38] Pellet (A.), « Le droit international à l'aube du XXIème siècle (La société internationale contemporaine-Permanences et tendances nouvelles) », *CEBDI,* 1997, pp. 19- 46.
[39] Hennebel (L.), *Le pacte international relatif aux droits civils et politiques et son mécanisme de protection individuelle,* Bruxelles, Bruylant, 2007, p. 36.

l'homme en tant que] organe indépendant »[40], dans le cadre bien précis des recours interétatiques. L'universalisme des pactes internationaux relatifs aux droits de l'homme[41] a permis de relever que le concept procédural de « *chose constatée* », n'a pas fait l'objet d'une consécration en droit positif. Même les manuels de procédure civile en droit interne en font fi. Une recherche sur cette notion, méritant d'intégrer le vocabulaire du contentieux international des droits de l'homme, consistera en l'élaboration d'une théorie générale de la chose constatée et par ricochet du pouvoir décisionnel du CDH.

10. Théoriquement, l'opportunité d'une telle réflexion tient à sa relative originalité. Il ne fait l'ombre d'aucun doute que la doctrine internationale est riche de contributions sur le fonctionnement du mécanisme des plaintes individuelles devant le comité. Loin de s'en tenir uniquement à ces contributions éparses, l'on peut affirmer qu'il n'existe pas encore une monographie portant sur le phénomène procédural de « *chose constatée* » en droit international, excepté des articles de revues qui l'ont évoqué au passage dans leurs développements[42]. Il n'existe aucune étude consacrée à la notion. En effet, la doctrine l'a souvent

---

[40] CIJ, *Amadou Sadio Diallo* (République de Guinée c. République démocratique du Congo), Rec 639, 2010, para 66.

[41] Mourgeon (J.), « Les pactes internationaux relatifs aux droits de l'homme », *AFDI,* 1967, pp. 326-363.

[42] On pense à : Cazala (J.), « Les tentatives de densification normative en droit international public. L'exemple de l'activité des organes de contrôle dans le domaine des droits de l'homme », *op cit*; Chanet (C.), « Le système des communications et l'avenir du contentieux », *in Les Nations Unies et les droits de l'homme* (dir) Emmanuel Décax, Pédone, Paris, 2006, p.273. Sudre (F.), *Droit européen et international des droits de l'homme,* PUF, Paris, 6ème éd. , 2003 ; Sudre (F.), *Droit européen et international des droits de l'homme*, Paris, PUF, 2003, 606 p.

employé entre les guillemets, peut-être parce qu'elle est imprécise et connue comme dépourvue d'autorité.

11. Dans le but de préconiser une théorie générale de la « *chose constatée* », il convient de rappeler avec le Professeur Etienne Picard que *« les questions fondamentales apparaissent souvent trop théoriques et abstraites, absconses et inutiles aux yeux des juristes qui le leur reprochent. Il n'est donc pas prudent, ni très habile pédagogiquement, d'attaquer un sujet-ou son auditoire-avec de telles questions : il semble bien préférable de montrer d'abord que l'on ne peut pas vraiment résoudre les questions les plus simples sans remonter peu à peu aux questions fondamentales ; car ce sont souvent ces dernières qui éclairent les difficultés les plus terre-à-terre* »[43]. De ce point de vue, il ressort que la chose constatée cumule plusieurs aspects théoriques tout en présentant un intérêt pratique aussi capital que celui de réguler l'accès de l'individu au CDH.

12. Au plan pratique cependant, la procédure de suivi mise en place par le CDH a très largement inspiré la pratique d'autres organes. À ce titre, l'institution du rapporteur spécial semble avoir été universalisée pour réaliser effectivement le rôle de surveillance de l'application du Pacte. La mise en mouvement de la procédure de communication individuelle est la preuve de ce que l'individu contrôle effectivement sur la scène internationale, les agissements répréhensibles des États en matière de violation des droits humains. Ainsi, le comité semble être dans l'imagerie populaire, un organe inutile,

---

[43] Picard (E.), « Introduction générale : la fonction de l'ordre public dans l'ordre juridique », *in* Marie-Joelle Rédor (dir), l'ordre public. Ordre public ou ordres publics. Ordres publics et droits fondamentaux. (Actes du colloque de Caen des jeudi 11 et vendredi 12 mai 2000), Bruxelles, Bruylant, 2001, pp. 17-18.

abstrait et élitiste à cause de son éloignement qui semble séparer les individus du système des Nations Unies.

13. Au regard des développements introductifs qui précèdent, force est de relever que la chose constatée est riche de sous-entendus, tel qu'il est difficile de la rattacher à une catégorie juridique précise, entendue comme un ensemble de règles de droit qui forment un régime juridique[44]. La chose constatée donne à penser qu'elle est constituée aussi bien des éléments factuels que juridiques. Ainsi, la notion de chose constatée suscite en théorie de multiples questions : Peut-on la conceptualiser ? Et au regard de quelles considérations ? Quelle signification peut-on donner à la « *chose constatée* » au regard de la théorie générale du droit ? D'une manière générale, quelle est le contenu sémantique de la « *chose constatée* » en droit international des droits de l'homme en général et dans la charte internationale des droits de l'homme en particulier ?[45] C'est précisément à cette dernière question que la présente contribution a pour ambition de répondre. À la vérité, et aussi curieux que cela puisse paraître, la « *chose constatée* » n'est que l'expression de la compétence expertale des membres du Comité, laquelle véhicule un certain nombre d'obligations implicitement exprimées, auxquelles les États doivent se conformer. La présente contribution permet de mettre en évidence non pas le contenu obligationnel[46], mais plutôt le contenu expertal de la notion de « *chose constatée* ». Ce contenu résulte de la conciliation entre le droit naturel et le droit positif d'une

---

[44] Bergel (J.-L.), *Théorie générale du droit*, 4ème éd., Paris, Dalloz, 2003, n°180, pp. 209-210.

[45] La Charte internationale des droits de l'homme est un terme générique rassemblant la DUDH, les deux pactes et leurs protocoles facultatifs.

[46] Ancel (P.), « Force obligatoire et contenu obligationnel du contrat », *RTDCiv*, 1999, p. 771.

part, des branches éclatées de la théorie du droit telle que l'épistémologie et la méthodologie d'autre part.

14. L'option méthodologique entreprise par la présente contribution est une analyse théorique de type exégétique traditionnel. Elle consiste à interpréter les « décisions » du CDH sous le couvert du droit naturel[47] et du droit positif[48]. Cela revient à penser que la « *chose constatée* » est le fruit de la rencontre entre le *soft law* et le *hard law,* dans le courant *« jus naturaliste modéré* », et fondée sur un modèle de la doctrine du *« pluralisme des fondements du droit international* »[49]. En dépit de ce que les constatations du CDH ne sont pas revêtues de la force obligatoire ou de la force exécutoire[50], notre objectif est de montrer justement que la « chose constatée » n'est autre chose qu'une expertise des éventuelles violations des droits humains contenus dans le Pacte. Pour cela, elle comprend « *une hypothèse ou supposition de fait d'une part ; et de l'autre la détermination d'une conduite imposée de manière*

---

[47] Il y a lieu de souligner que les « constatations » ou même la « chose constatée » devant le CDH, traduisent dans une certaine mesure la résurgence du droit naturel dans le droit international. Sur ce phénomène lire : Dominice (Ch.), « Le grand retour du droit naturel en droit des gens », *in Dominice Christian, L'ordre juridique international entre tradition et innovation*, Paris-Genève, PUF-IUHEI, 1997, pp. 31-43 ; Fur (L.), « La théorie du droit naturel depuis le XVIIème siècle et la doctrine moderne », *RCADI*, vol 18, 1927, pp. 259-442. Kayser (P.), « Essai de contribution au droit naturel à l'approche du troisième millénaire », *RRJ*, 1998-2, p. 287.

[48] Leben (Ch.), « Un nouveau bilan des théories et réalités du droit international : le cours général de Pierre-Marie Dupuy (R.C.A.D.I, 2002, tome 297) », *RGDIP*, 2005, pp. 87-89.

[49] Touonang Tekendo (T.), *Les obligations objectives en droit* international, *op.cit.*, p. 38.

[50] CIJ, *Lagrand (Allemagne c. Etats-Unis d'Amérique),* arrêt du 27 juin 2001 ; Rec 2001, paragraphe 107. Cette cour fait remarquer que « l'absence de voies d'exécution et le défaut de caractère obligatoire d'une disposition sont deux questions différentes ».

obligatoire comme conséquence de l'hypothèse, soit en attribuant un droit, soit en imposant un devoir »[51]. Á travers cette prise de position, l'occasion est donnée de relever que l'expertise domine la procédure de communication individuelle.

En effet, la chose constatée est le reflet de l'activité des membres du Comité que les rédacteurs du Protocole ont bien voulu appeler *« expert du comité ».* La doctrine publiciste la plus qualifiée[52] la rapproche d'ailleurs de la notion procédurale de « chose jugée ». En tout état de cause, la chose constatée est le résultat d'une technique d'examen des faits allégués devant le Comité (Partie I) d'une part, et le résultat d'une technique de mise en œuvre des constatations de cette organe d'autre part (Partie II).

---

[51] Couture (E.J.), « La chose jugée comme présomption légale. Note critique sur les articles 1349 et 1350 du code civil », *RIDC*, vol 6, 1954, pp. 681-701.

[52] À propos de la doctrine, l'article 38 du Statut de la CIJ emploie l'expression *« doctrine des publicistes les plus qualifiés des différentes nations, comme moyen auxiliaire de déterminer des règles de droit* ».

PARTIE I

La chose constatée, résultat d'une technique d'examen des faits devant le Comité

15. Ce résultat est l'œuvre des membres du CDH. Il s'agira d'étudier l'office des dix-huit membres du Comité[53] dans le cadre de la procédure des communications individuelles. À l'image des juridictions régionales de protection des droits de l'homme, les experts du Comité agissent comme les juges investis de la *jurisdictio* et dans certains cas de *l'imperium.* En effet, le contentieux qui échoit à la compétence du CDH provient de sa mission spécifique comme juge de la recevabilité des plaintes émanant des individus se trouvant sur le territoire d'un État adhérant au Protocole facultatif, et qui s'estiment victimes de violations des droits consacrés dans le Pacte.

Appréhendé comme « *une contradiction, une opposition de thèses juridiques ou d'intérêts entre deux personnes »*[54], ou comme *« un foyer de création concrète et progressive du droit »*[55], le contentieux des droits civils et politiques dont il s'agit est consubstantiel à l'idée de garantie des droits humains. Il serait vain de constater les violations du Pacte dans le respect d'une procédure contentieuse, si l'on ne pose pas un regard particulier sur la personne dont la violation des droits pose la problématique de la garantie. Cette garantie consiste à établir les violations des droits humains en vue d'y remédier au moyen des sanctions comme la réparation.

16. À ce titre, les experts du Comité sont donc des acteurs réels de la protection des droits civils et politiques. Ils

---

[53] Conformément à l'article 28 du PIDCP, « il est institué un comité des droits de l'homme (ci-après dénommé le comité dans le présent Pacte). Ce comité est composé de dix-huit membres (…). Les membres du Comité sont élus et siègent à titre individuel ».

[54] CPJI, *Concession Mavromatis en Palestine (Grèce c. Grande-Bretagne),* arrêt du 30 août 1924, Série A, n°2, p. 11.

[55] Pollman (C.), « Le contentieux comme foyer de création concrète et progressive du droit », *RIEJ*, 2008/2, vol 61, pp. 91-108.

doivent pouvoir assurer à la victime qu'elle obtiendra réparation des dommages. À cet effet, l'expert chargé du suivi des constatations élabore un rapport dans lequel il se place du côté de la victime des violations du Pacte pour apprécier la garantie contentieuse ou non résultant de la chose constatée. L'intervention va consister en la description des violations commises (Chapitre 1) et en l'indication des réparations appropriées (Chapitre 2).

Chapitre 1 – La description des violations commises

17. Le CDH est une « institution »[56] à part entière. En effet, ses membres établissent au terme de leurs constatations, les violations observées à l'issue de l'examen d'une communication. Il s'agit du droit pour la victime de connaître la vérité historique, c'est-à-dire la vérité du fait illicite résultant des violations qu'elle a subies. De principe général en droit international, toute violation d'un engagement comporte l'obligation de répondre. La responsabilité qui résulte des violations du Pacte est sans doute l'expression visible du dénouement des obligations secondaires. En effet, ces obligations font surface en cas de violation par un État des primaires contenues dans les dispositions du Pacte. À quoi tient donc l'obligation secondaire véhiculée par la chose constatée qu'on peut considérer comme norme obligationnelle ?

18. L'obligation secondaire en droit international, est l'obligation pour l'État de répondre de ses actes en cas de violation de ses engagements internationaux en matière de droits de l'homme. Elle est consécutive à la violation de l'obligation primaire de faire ou de ne pas faire[57]. Pour

---

[56] Dumoulin (L.), « L'expertise judiciaire dans la construction du jugement : de la ressource à la contrainte », *Droit et Société, LGDJ* : Lextenso /LGDJ, 2000, p. 22 (pp. 199-223).

[57] Sicilianos (L.A.), « Classification des obligations et dimensions multilatérales de la responsabilité internationale », *in* P-M Dupuy (dir publ), *Obligations multilatérales, droit impératif et responsabilité*

chacune de ces obligations, les États Partie au Pacte sont tenus de respecter strictement la norme internationale qu'est le Pacte. En cas de violation de l'obligation de respecter les dispositions conventionnelles et protectrices des droits de l'individu, le système de protection des droits de la personne, issu du Pacte, met à la charge des États des obligations ou normes secondaires dont la fonction est de régir les conditions d'existence du délit international[58]. Par opposition au crime international, le délit international est simplement une rupture d'obligation, ne pouvant déboucher que sur la restitution ou le dédommagement, et non sur l'amende ou sur d'autres sanctions. Quoi qu'il en soit, les obligations secondaires ont été distinguées des obligations primaires par la CDI. Son rapporteur spécial, Roberto Ago a considéré l'obligation primaire comme une règle qui consiste à « *établir si cette obligation a été violée et quelles doivent être les suites de cette violation (...). Seule ce deuxième aspect fait partie du domaine propre de la responsabilité* »[59].

19. Démêler l'écheveau de la responsabilité de l'État en cas de violation des droits de l'homme permet de se rapprocher de la codification par la CDI, de la responsabilité de l'État pour fait internationalement illicite[60]. La responsabilité internationale de l'État fait référence dans cette œuvre de

---

internationale des États, Colloque de Florence des 7 et 8 décembre 2001, Paris, Pedone, 2003, p. 57.

[58] L'art 19 (2) du projet de texte de la CDI élaboré en 1976 qui dispose : « Le fait internationalement illicite qui résulte d'une violation par un État d'une obligation internationale si essentielle pour la sauvegarde d'intérêts fondamentaux de la communauté internationale que sa violation est reconnue comme un crime par cette communauté dans son ensemble constitue un crime international ».

[59] Annuaire CDI, 1970, vol II, Doc. A/8010/Rev.1, para 66(c), p. 327.

[60] Crawford (J.), *Les articles de la commission de droit international sur la responsabilité de l'État pour fait internationalement illicite. Introduction, texte et commentaire*, Paris, Pedone, 2003, 461 p.

codification aux *« conditions générales que pose le droit international pour que l'État soit considéré comme responsable d'actions ou omissions illicites, et aux conséquences juridiques qui en découlent »*[61]. Il convient cependant de s'interroger sur le régime de la responsabilité de l'État qui résulte de la violation des droits protégés par le PIDCP. La responsabilité pour la violation des droits de l'homme *« suppose une adaptation mais aussi, parfois, un dévoiement des règles classiques de la responsabilité internationale »*[62]. L'objectif visé dans ces développements est de montrer que les obligations secondaires, plus précisément la responsabilité de l'État devant le CDH, chevauche entre la responsabilité spécifique pour la violation des droits de l'homme (Section 1) et le droit accordé aux victimes de mettre en cause l'État auteur des violations alléguées (Section 2).

Section 1- L'allégation des faits comme fondement de l'action de la victime

20. Si le fait internationalement illicite est le fondement de la responsabilité de l'État à la lumière de la CDI[63], il ne l'est pas toujours s'agissant de la responsabilité de l'État devant la CDH. Il résulte de l'interprétation des dispositions du protocole de 1976 que la responsabilité internationale de

---

[61] CDI, Projet d'articles sur la responsabilité internationalement illicite. Texte adopté par la commission à sa 53ème session en 2001, et soumis à l'Assemblée Générale dans le cadre du rapport de la commission sur les travaux de ladite session, p. 61.
[62] Kouassi (A.), *La responsabilité internationale pour violation des droits de l'homme,* Thèse (résumé), Poitiers, 2016, www.revuedlf.com/theses/la-responsabilite-internationale-pour-violation-des-droits-de-lhomme/ (consulté le 10 janvier 2021.)
[63] Reuter (P.), *Droit international public,* 1ère éd., Puf, Paris, 1958, pp. 245-246.

l'État a pour fondement l'inexécution des obligations contenues dans le Pacte (Paragraphe 1) au détriment des bénéficiaires des droits civils et politiques (Paragraphe 2).

Paragraphe 1- L'inexécution des obligations contenues dans le Pacte

21. Il ressort de la lecture des textes fondateurs du Comité et de sa jurisprudence une imprécision sur la nature des violations du Pacte qu'on appellera délit civil. En se comportant ainsi, les rédacteurs du Pacte ont laissé l'opportunité de déterminer les formes variées de ce délit (A) dont la systématisation débouche sur la question de la contingence de la juridiction de l'État (B).

A- Les formes variées d'inexécution du Pacte

22. Entendue comme une « *atteinte à la sécurité des rapports juridiques* » [64] entre les sujets de droit international, la violation ou plus précisément la non application du Pacte consiste en une action (1) ou une omission (2).

1- La violation par action

23. Se référer à la notion de « *délit civil* » plutôt que de « fait internationalement illicite », n'est pas sans intérêt en prélude à l'analyse des violations du Pacte. C'est parce que cette notion semble protéger les droits individuels des

---

[64] Dailler (P.) et Pellet (A.), *Droit international public,* 7ème éd., LGDJ, Paris, 2002, p.706.

particuliers qu'elle sera préférée à la deuxième, même si, elle ne convient pas au droit en vigueur devant la CDH. Cette préférence résulte du postulat selon lequel le délit fait de l'individu l'*alpha* et l'*oméga* dans le décryptage de la responsabilité de l'État comme « loi internationale ». Il faudra donc considérer ici le délit civil comme la violation par les États de leurs engagements *« à respecter et à garantir à tous les individus se trouvant sur leur territoire et relevant de leur compétence les droits reconnus dans le présent pacte, sans distinction aucune, notamment de race, de couleur, de sexe, de langue, de religion, d'opinion politique ou de toute autre opinion, d'origine nationale ou sociale, de fortune, de naissance ou de toute autre situation »*[65]. Les violations du Pacte sont donc, de ce point de vue un concept matériel. Ce qu'on tentera alors d'appeler éléments constitutifs du délit civil ou de violation du Pacte, se réduit ainsi à un concept, celui de comportement ou d'acte matériel.

24. Si le Comité des droits de l'homme exerce son contrôle de légalité sur la matérialité du fait étatique, la question reste de connaitre les moyens juridiques par lesquels on peut constater la violation du Pacte. C'est justement sur cet aspect que repose l'office de ce Comité. En réalité, l'adoption des mesures ou des normes internes contraires aux engagements internationaux semble être le cas général d'ouverture d'un contrôle opéré par le Comité. L'application des normes internes contraires au Pacte est l'expression de la violation de l'obligation pour l'État Partie au Pacte, de *« prendre, en accord avec leurs procédures constitutionnelles et avec les dispositions du présent pacte, les arrangements devant permettre l'adoption de telles mesures d'ordre législatifs ou autre, propres à donner effet*

[65] Art 2 du PIDCP.

aux droits reconnus dans le présent Pacte (...) »[66]. La contrariété dont il est question ici est l'hypothèse où, un État méconnait une disposition du Pacte en continuant d'appliquer ou en prenant une mesure nationale contraire.

25. Mais le point délicat est de savoir si la simple contrariété d'un acte juridique suffit au Comité pour conclure à la violation des dispositions du Pacte ? En d'autres termes, la chose constatée devant le CDH se limite-t-elle à l'observation de l'existence d'une norme ou d'une situation factuelle contraire au Pacte international des droits civils et politiques ? À cette question, l'on peut affirmer que l'existence dans l'ordre juridique interne ne suffit pas à adopter les constatations ou plus précisément, la chose constatée n'est pas la simple observation de l'existence d'une simple contrariété d'une norme juridique. La responsabilité de l'État n'est engagée que par l'application effective de la disposition incriminée[67]. Cela revient à dire que la matérialité de la faute par action est constatée dans l'effectivité de la norme interne contraire

26. L'effectivité s'assimile d'un point de vue téléologique, à la matérialité des actes positifs étatiques attentatoires au Pacte. C'est pourquoi il n'est pas superflu de s'en interroger. « *Objet d'indispensable inquiétude pour les juristes soucieux de convaincre qu'ils ne s'enferment pas dans l'univers abstrait des règles du droit* »[68], l'effectivité

---

[66] *Ibid,* paragraphe 2.

[67] Dominicé (Ch.), « Observations sur les droits de l'État victime d'un fait international illicite », *in L'ordre juridique international entre tradition et innovation. Recueil d'études*, PUF, 1997, pp. 265-266.

[68] Jeammaud (A.), « Le concept d'effectivité du droit », *in* Philippe Auvergnon (dir), *L'effectivité du droit du travail : à quelles conditions ?,* Acte du séminaire international de droit comparé du travail, des relations professionnelles et de la sécurité sociale, COMPTRASEC, 2006, p. 34.

de la norme interne contraire relevée par la jurisprudence, ne doit pas s'entendre au sens du droit international comme l'effectivité-état c'est-à-dire ce qui existe dans les faits, mais plutôt au sens du droit interne comme ce qui produit un effet réel. C'est justement cette dernière conception de l'effectivité qui se dégage de l'ensemble des « *décisions* » du Comité. Il s'en suit que dans le cadre des violations du Pacte, l' « *application* » de la norme contraire doit être considérée comme « *le paradigme dominant de la notion d'effectivité du droit* »[69] interne.

L'effectivité permet de mesurer aussi bien l'existence juridique du Pacte que sa mise en œuvre pratique dans les ordres juridiques des États Parties. Dès lors, elle apparaît comme une condition des droits de l'homme en général et des droits civils et politiques en particulier. C'est pour cette raison qu'elle alimente la querelle en droit international des droits de l'homme relative à la pratique et à la théorie des droits protégés en vertu du Pacte. En tout état de cause, le CDH ne constate pas seulement les violations par commission, mais davantage les faits illicites par omission.

2- La violation par omission

27. La manifestation concrète des violations des droits civils et politiques imputables à l'État, peut se traduire par la réalisation d'un acte négatif constitutif d'une omission. Contrairement aux violations du Pacte par action ou par commission, les violations des dispositions du Pacte par omission sont des faits qui reposent sur une attitude passive de l'État. La responsabilité de l'État sera établie devant le CDH dans la mesure où celui-ci n'aura pas satisfait une

---

[69] Leroy (Y.), « La notion d'effectivité du droit », *in Droit et Société,* 2011/3, n°79, pp. 715-732.

obligation de faire résultant de ses engagements internationaux. Cette catégorie de fait internationalement illicite est la traduction en d'autres termes de l'adage « *celui qui peut et n'empêche pêche* ».

28. De ce point de vue, l'omission représente la forme la plus problématique des violations du Pacte et qui malgré tout, est devenue un plat de résistance de l'activité quasi-judiciaire du Comité, c'est-à-dire une forme spéciale, sinon générale, caractéristique des manquements au Pacte. Cet organe peut constater alors des abstentions « coupables » qualifiées de délits civils internationaux par omission pour éviter les violations choquantes du Pacte. Toutefois, la notion de délit ou de faute internationale semble inappropriée devant le Comité en raison des significations rétributives qu'elle renferme. L'on suggère de se référer plutôt à la notion de manquement à une obligation ou à un devoir en vertu du Pacte parce-que *« it is only proper to speak of something as an omission if it constitutes a failure to carry out a duty »*[70]. Situées entre l'action et l'inaction, les omissions constatables posent la problématique de leur régime, c'est-à-dire le contenu de leur immatérialité. L'immatériel dans un acte d'omission consiste dans un acte négatif d'exécution, c'est-à-dire dans le fait de ne pas accomplir les obligations en vertu du Pacte.

29. L'omission fautive est donc la violation d'un devoir résultant en réalité de l'inobservation de l'obligation de faire, et procède de l'appesantissement de l'emprise de l'État sur l'individu. L'abstrait qui en résulte est constaté par le Comité si et seulement si l'État au moment des faits, était effectivement tenu de l'obligation d'agir. L'omission illicite peut être considérée comme une violation du Pacte,

---

[70] Ashworth (A.), *Postive obligations in Criminal Law,* Oxford, Hart Publishing, 2013, p.31.

lorsqu'elle se heurte à une obligation d'agir. C'est la raison pour laquelle l'on peut assimiler cette omission à une faute par action pure et simple en vertu du lien de causalité qui peut avoir entre le fait et le préjudice. Il s'agit de mettre en évidence la passivité de l'État Partie au Pacte et non le résultat dommageable. Toutefois, une simple omission ne donne pas forcément lieu aux constatations du Comité ou même n'entraine pas toujours la responsabilité de l'État, à moins qu'elle soit explicitement prévue. En tout cas, l'omission illicite porte sur la non utilisation des moyens raisonnables[71]. Il peut s'entendre comme « *quelque chose qu'une personne aurait pu faire si elle l'avait voulu ou s'y était préparée* »[72].

30. Le débat autour des violations par omission se situe au niveau de leur délimitation étant donné que l'omission illicite en elle-même semble une notion flexible et malléable. Au-delà de ce qu'elle peut susciter, il y a lieu de penser que la non-réalisation d'un acte défini et l'obligation d'agir sont des critères remarquables qui permettent de caractériser l'omission illicite. Elle implique l'omission d'adopter un certain acte, administratif, législatif ou judiciaire que le Pacte recommande en vue de donner plein effet au Pacte. *« Normalement, le maintien en vigueur ou l'adoption des lois internes contraires aux règles internationales n'engage la responsabilité de l'État en cause et, partant, n'ouvre un droit à la cessation et à la réparation [au sens large] que lorsque lesdites lois sont appliquées dans les faits. En revanche, s'agissant de la torture [par exemple], le simple fait de maintenir en*

---

[71] D'argent (P.), De Vaucleroy (A.) « Le contenu de l'omission illicite : non utilisation des moyens raisonnables », *in Le standard de due diligence et responsabilité internationale, Journée d'études franco-italienne du Mans*, SFDI, A. Pedone, 2018, p. 255.

[72] Côté-Harper (G.), Rainville (P.) et Turgeon (J.), *Traité de droit pénal Canadien*, 4ème éd., Cowansville, Éd. Yvon Blais, 1998, p. 281.

vigueur ou d'adopter une loi contraire à l'interdiction internationale de la torture engage la responsabilité internationale de l'État. L'abolition de la torture a une telle valeur qu'il est vital d'interdire toute loi nationale qui autorise ou tolère cette pratique ou, en tout cas, pourrait avoir cet effet »[73].

31. S'agissant de la capacité d'agir, ce critère *« signifie qu'il existe objectivement une situation qui nécessite une intervention de la part de l'auteur [État] »*[74]. Loin de faire le tour des « omissions » dans le cadre de la mise en œuvre du Pacte, on peut donc estimer que les critères d'identification sus analysés sont *« les conditions minimales pour l'existence d'une omission »*[75] devant le CDH auxquelles l'on peut ajouter la carence procédurale. En réalité, « *cette règle ne viole pas l'article 36 de la convention de Vienne. Le problème se pose lorsque la règle de la carence procédurale ne permet pas à une personne détenue de faire recours contre sa condamnation et sa peine en prétendant, sur la base du paragraphe 1 de l'article 36 de la convention, que les autorités nationales compétentes empêchant par là même cette personne de solliciter et d'obtenir l'assistance consulaire de l'État d'envoi* »[76].

---

[73] TPIR, Chambre d'appel, « Jugement » Affaire *Le Procureur c. Furundzija*, 21 juillet 2000, para 150.
[74] Dan (A.), *Le délit de commission par omission : éléments de droit suisse et comparé*, éd., Schulthers. Romandes, Genève, 2015, p.16.
[75] *Ibid,* p. 25.
[76] CIJ, *LaGrand (Allemagne c. États-Unis d'Amérique)*, 27 juin 2001, *op.cit.*, p. 497, para 90 ; CIJ, arrêt, 31 mars 2004, *Avena et autres ressortissants mexicains (Mexique c. États-Unis d'Amérique),* arrêt du 31 mars 2004,Rec 2004, p.56, para 112.

B- La contingence de la juridiction de l'État

32. La question de la juridiction exige parfois une analyse au fond des requêtes qui lui sont soumises. Ces requêtes posent le problème de la singularité de cette notion bâtie autour des critères de la territorialité (1) et du contrôle (2).

1- Le critère du territoire

33. Le système du Pacte est acquis à la territorialité. Considéré comme l'un des « *aspects de droit international général dans la pratique des comités établis au sein des nations unies dans le domaine des droits de l'homme* »[77], le territoire détermine la responsabilité par imputation des violations du Pacte à un État Partie. Il pose le problème de la territorialité des faits et la territorialité du Pacte. En effet, les violations du Pacte sont réputées commises sur le territoire d'un des États Parties dès lors qu'un de ses éléments constitutifs a eu lieu sur ce territoire. Ainsi, chaque individu qui vit sur le territoire d'un État Partie est supposé être protégé par les dispositions du Pacte. En matière de violation par omission, la question ne se pose pas nécessairement. Il s'agira en effet soit du lieu où s'est manifestée l'abstention fautive, soit du lieu de la violation d'une obligation. Dans ce cas, on prendra en compte l'action ou le résultat de la violation. On pourrait donc en ce qui concerne les violations par omission, s'en tenir aujourd'hui au critère du lieu où l'obligation non exécutée aurait dû l'être, c'est-à-dire le critère de l'action-inaction.

---

[77] Kerbrat (Y.), « Aspects de droit international général dans la pratique des comités établis au sein des Nations Unies dans le domaine des droits de l'homme (2006-2007) », *AFDI*, vol 53, 2007, pp.584-607.

34. C'est donc sur la population locale que les constatations du Comité ont tout leur pesant juridique. Au plan rationnel, la territorialité des faits manifeste de façon éclatante la souveraineté de l'État sur son territoire et on comprend dès lors la valeur du droit des peuples à disposer d'eux-mêmes. Cependant, il se dégage de l'application du principe de la territorialité des faits deux questions. Qu'est-ce que le territoire d'un État Partie ? Comment localiser le lieu de la commission des violations des droits civils et politiques ?.

35. Domaine d'application et d'expression de la souveraineté, le territoire est au cœur du système des droits de l'homme. Il s'entend d'un « *espace de souveraineté dont dispose à titre exclusif tout État* »[78]. Il signifie dans les relations entre États l'indépendance. Le respect de la souveraineté territoriale est donc l'une des bases essentielles des rapports internationaux[79]. Sous ce rapport, le territoire est alors le siège des violations des droits de l'homme en général et des droits civils et politiques en particulier. C'est l'ensemble des espaces sur lesquels un État dispose d'un *imperium* exclusif ou concurrent[80]. Là est la définition objective du territoire. Il peut aussi comprendre des ambassades, qui en réalité ne sont pas *« des îlots dotés d'exterritorialité qui les feraient réputer territoires étrangers »*[81].

---

[78] Flory (M.), « Le couple État-territoire en droit international contemporain », *Cultures & conflits*, pp. 1-12.
[79] CIJ, Détroit de Corfu *(Royaume-Uni c. Albanie),* arrêt du 9 avril 1949 (fond), Rec 1949.
[80] Combacau (J.) et Serge (S.), *Droit international public,* 5ème éd., Montchrestien, E.J.A, Paris, 2001, p. 401.
[81] Levasseur (G.), « Les conflits de lois répressives dans l'espace », Extrait du *cours de droit pénal général complémentaire*, éd Les cours de droit, 1960.

36. Une partie contractante peut engager sa responsabilité lorsqu'à la suite d'une action militaire, elle exerce en pratique un contrôle sur une zone située en dehors de son territoire national. C'est pourquoi elle est tenue de l'obligation de respecter les droits et libertés garantis par le Pacte en toute circonstance. Cette obligation porte non seulement sur les actes commis par les soldats ou fonctionnaires de l'État dans cette zone, mais aussi sur les actes de l'administration locale qui survit grâce à son soutien militaire. Partout où s'applique l'autorité d'un État Partie au Pacte, l'on peut considérer qu'il s'agit là de la juridiction territoriale dont parle le Protocole.

37. L'autre aspect de la juridiction territoriale porte sur la localisation des violations par référence « au fait continu, fait composé et fait complexe dans le droit de la responsabilité »[82] à cause des difficultés pratiques qu'il pose. Pour les faits illicites continus, c'est à dire « *des faits qui s'étalent, identiques avec eux-mêmes, sur un laps de temps plus ou moins long* »[83], ils posent des problèmes en termes de définition de la compétence *ratione temporis* d'un organe international de contrôle. Il en est de même des faits illicites composés, composites ou complexes. Quoi qu'il en soit, il revient au Comité de rechercher l'un des éléments constitutifs de la violation commise sur le territoire de l'État Partie. Cette solution ne vient-elle pas là consacrer le principe du fait ou bien des violations dites réputées commises sur le territoire ? En tout cas, la compétence *ratione loci* du CDH est retenue si les conséquences dommageables du fait illicite se sont

---

[82] Giovanni (D.), « Fait continu, fait composé et fait complexe dans le droit de la responsabilité », *AFDI*, vol 52, 2006, pp. 1-54.
[83] Septième rapport, ACDI, vol II, 1ère Partie, 1978, paragraphe 28.

produites sur le territoire de l'État concerné[84]. À côté de cette conception objective du territoire, l'on peut ainsi penser à la construction d'un territoire *onusien* de protection des droits de l'homme par juxtaposition des différents territoires des États Parties.

2- Le critère du contrôle

38. La condition du contrôle est un critère complémentaire et pertinent pour imputer les violations du Pacte à un État Partie. Le contrôle met en évidence le principe selon lequel, « *States parties are required by article 2 paragraph 1, to respect and to ensure the Covenant rights to all persons who may be within their territory and to all persons subject to their jurisdiction. This means that a State party must respect and ensure the rights laid down in the Covenant to anyone within the power or effective control of that State party, even if not situated within the territory of the State party. As indicated in general comment No.11 adopted at the twenty-seventh session (1986), the enjoyment of Covenant right is not limited to citizens of States parties but must also be available to all individuals, regardless of nationality or State lessness, such as asylum-seekers, refugees, migrant workers and others persons, who may find themselves in the territory or subject to the jurisdiction of the State party. This principle also applies to those within the power or effective control of the forces of a State party acting outside its territory, regardless of the circumstances in which such power or effective control was obtained, such as forces constituting a national contingent of State party*

[84] CPJI, Lotus (*France c. Turquie*), arrêt du 7 septembre 1927, série A, n°10.

assigned to an international peace keeping or peace-enforcement operation »[85].

39. Le comportement d'une personne ou d'un groupe de personnes est considéré comme un fait étatique, si ceux-ci agissent en fait sur les instructions, les directives ou sous le contrôle de l'État[86]. Il s'en suit que seul le comportement des propres organes de l'État qui ont instruit ou exercé le contrôle dans une situation donnée, débouche sur la responsabilité de l'État. L'intérêt de ce principe consiste non pas à rechercher si le fauteur en question agissait en qualité d'organe de l'État ou alors si on pourrait l'assimiler à un organe de l'État. En réalité, la question consiste à savoir si les organes de l'État ont violé le Pacte en donnant des instructions aux auteurs directs ou en exerçant un contrôle effectif sur ces derniers. *A contrario*, les actes commis par des personnes ou groupes de personnes, qui ne sont ni des organes de l'État par nature ou par assimilation, ne sont pas de nature à engager la responsabilité de l'État Partie au Pacte. Ces actes peuvent en être ainsi, s'ils sont imputables à l'État. L'approche objective de la responsabilité de l'État devant le CDH vise en tout état de cause, à limiter cette responsabilité à une violation qui engage l'État directement par le canal de ses agents. C'est aussi l'occasion de cristalliser la responsabilité internationale des personnes privées qui ont agi dans un cadre autre que celui de l'État[87].

---

[85] CDH, Observation générale n°31 : La nature de l'obligation juridique générale imposée aux États Parties au Pacte, 24ème session, UN. Doc. HRI/GEN/1/Rev.7 (2004), paragraphe 10.

[86] CIJ, *Activités militaires et paramilitaires au Nicaragua et contre celui-ci* (*Nicaragua c. États-Unis*), arrêt du 26 février 1984 (compétence et recevabilité), Rec 1984 ; arrêt du 27 juin 1986 (fond), Rec 1986.

[87] Article 1 du Statut de Rome, A/CONF.183/9 du 17 juillet 1998.

40. Il convient néanmoins de s'interroger sur l'entité qui peut être qualifiée d'organe étatique dont les agissements peuvent entrainer la responsabilité de l'État. En effet, « *un organe comprend toute personne ou entité qui a ce statut d'après le droit interne de l'État* » [88] . Cependant, l'attribution de la qualité d'organe ne ressortit pas à la seule compétence du droit interne. Le droit international reconnait la qualité d'organe de l'État à certaines entités qu'on assimile aux organes étatiques. C'est en effet le comportement d'une personne ou d'une entité exerçant des prérogatives de puissance publique qui n'a pas de statut d'organe au sens de l'article 4 du Projet d'articles sur la responsabilité de l'État pour fait internationalement illicite. Le comportement de ces entités ou personnes assimilables aux organes étatiques, est considéré comme un fait propre de l'État d'après le droit international[89].

Cette approche pose la problématique de la responsabilité internationale de l'État pour le fait d'acteur ou organe non étatique. Cette problématique est le prétexte qui permet d'analyser à côté du contrôle effectif, le critère du contrôle global comme autre aspect qu'il faut prendre en compte pour apprécier le critère du contrôle, qui semble être une question subjective et donc l'appréciation divise la jurisprudence internationale sur la question de l'attribution à l'État des faits commis par des personnes ou entités non étatiques.

41. La question du contrôle global abordée par le TPIY dans l'affaire *Tadic*[90], semble avoir bousculé le standard du « *contrôle effectif* » dans l'appréciation de l'imputation

---

[88] Article 4 (2) du Projet d'articles.

[89] Article 5 du Projet d'articles.

[90] TPIY, Chambre d'appel, Affaire *Le Procureur c. Tadic*, IT-94-1-A, jugements du 2 octobre 1995 du 7 mai 1997, du 15 juillet 1999 et arrêt du 27 février 2001.

déjà réglée par le Comité. À quoi renvoie donc l'expression *« contrôle global »* ? La Chambre d'appel du TPIY qui a adopté ce standard conçoit le contrôle global comme la participation de l'État au financement, équipement et entrainement du groupe armé, mais aussi sa participation à l'organisation, la coordination ou la planification des opérations des groupes. La différence est que le contrôle global ne requiert ni l'émission d'ordres ou d'instructions précises par l'État. Cette divergence de standard résulte certainement de la nature des différends qui étaient déférés à l'appréciation de la CIJ et du TPIY, notamment la question des conflits armés.

Devant le CDH cependant, le critère du contrôle effectif détermine la responsabilité de l'État. Celui-ci est tenu, même au-delà de ses frontières[91], « *de respecter et de garantir à quiconque se trouvant sous son pouvoir ou son contrôle effectif les droits reconnus dans le Pacte* »[92]. Au demeurant, la pratique des comités de protection des droits de l'homme est constante en la matière. C'est le standard du « *contrôle effectif* » qui reste jusqu'ici un principe d'évangile, un critère pertinent pour imputer les violations à un État Partie, indépendamment des agissements de l'État lui-même ou ses organes. Sur le fondement de ces éclairages, on peut penser que ce standard ne s'accommode pas de la responsabilité étatique au sens des dispositions de l'article 8 du projet d'articles, mais plutôt de la constitution

---

[91] CDH, *Lopez Burgos c. Uruguay*, Communication n°52/1979, constatation du 29 juillet 1981, paragraphes 12.1 à 12.3.

[92] CDH, Observation n°31, La nature de l'obligation juridique générale imposée aux États parties au Pacte, 88ème session, U.N.Doc. HRI/GEN/1Rev.7 (2004).

de l'État en droit international en ce qu'il est un « *critère pertinent de définition factuelle de l'État* »[93].

Paragraphe 2- La détermination concomitante des préjudices réparables

42. Renforçant la vision sacrée de l'individu en droit international, le Pacte et son Protocole ont plutôt préféré le concept de « particulier ». Ce concept renvoie non seulement à la victime active en raison de ses droits processuels (B), mais aussi à la victime passive pour avoir subi des dommages sur certaines valeurs inhérentes à la personne humaine (A).

A- Le dommage axiologique

43. Ce sont des atteintes aux valeurs inhérentes à la « *sacralisation de l'homme* » [94] et à l' « *exaltation de l'humanité* »[95]. Ces atteintes sont incompatibles à la vie humaine (1) et aux biens (2).

---

[93] Diop (A.-K.), La notion d'État en droit international et en droit européen : De l'impossible approche conceptuelle à la nécessaire approche fonctionnelle, *op.cit.*, p. 284.

[94] Kamto (M.), « La volonté de l'État en droit international », vol 310, *in Recueil des cours de l'Académie de droit international,* 2004, http://dx.doi.org/10.1163/1875-8096_pplrdc_A9789oo4145528_01 (consulté le 12 décembre 2020)

[95] *Ibid*, p. 319.

1- La protection de la vie humaine

44. L'existence humaine, droit suprême de la personne, conditionne l'exercice de tous les droits civils et politiques. C'est dans cette perspective que les violations du Pacte sont considérées comme des faits illicites. L'intégrité de la personne humaine est une valeur internationalement reconnue. Les violations du Pacte répondent ainsi à la protection de la vie humaine dans sa dimension physique. Les droits qui y sont greffés ont cette qualité et sont de ce fait intangibles. Le Pacte n'a pas défini le concept de vie. Ce concept est encore incertain dans les sources du droit international[96]. La protection de la vie est en même temps une obligation positive et négative à la charge des États parties au Pacte. À cet effet, ils sont tenus de s'abstenir de provoquer la mort volontaire, mais aussi de prendre des mesures nécessaires à la protection de la vie des personnes relevant de leur juridiction[97]. C'est pour cette raison que les instruments juridiques relevant de la Charte internationale des droits de l'homme ont clairement affirmé le principe de protection de la vie humaine. Aussi, les États Parties sont tenus de mener des enquêtes sur les attentats à la vie notamment, les crimes contre les populations civiles, commis en violation des conventions internationales relatives au droit humanitaire et aux droits de l'homme[98].

45. Les violences faites aux femmes sont aussi illustratives des atteintes à la vie. Ces violences ont d'ailleurs fait l'objet d'incriminations internationales en termes de viol d'agression sexuelle et d'atteintes aux bonnes mœurs. L'intérêt de ces incriminations est l'éradication du

---

[96] CEDH, *Soering*, arrêt du 16 juillet 1989.

[97] CEDH, *Osman c. Royaume-Uni*, arrêt du 09 juin 1998.

[98] CEDH, *Mccann et autres c. Royaume-Uni*, arrêt du 27 septembre 1995.

phénomène d'impunité pour faire prévaloir l'individu sur la scène internationale. Les mœurs ont particulièrement attiré l'attention des rédacteurs du Pacte parce qu'ils sont porteur de valeurs axiologiques. On peut estimer que devant le Comité des droits de l'homme, les mœurs portent davantage sur des considérations d'ordre sexuelles[99]. Les valeurs ou droits protégés résultant de l'incrimination des crimes d'agressions sexuelles, de génocide, de crimes contre l'humanité ou même de crimes de guerre, font l'objet d'une attention particulière en droit international dans l'intérêt de l'humanité.

46. Ce sont ces valeurs qui constituent le fondement axiologique des communications individuelles devant le Comité. La difficulté de s'accorder sur la compréhension du concept de mœurs, n'empêche pas de s'interroger sur les droits atteints par les violences sexuelles. D'une manière générale, l'on peut se rendre compte de ce que les droits ainsi protégés par les incriminations de violences sexuelles sont pour la plupart des libertés sexuelles. La violation de la liberté sexuelle, est un fait internationalement reconnu en vertu du Pacte que dans la seule hypothèse de la contrainte. La contrainte ou le défaut de consentement est l'élément sans lequel le viol ou l'agression sexuelle ne saurait donner lieu aux constatations du CDH. Par conséquent, les violations de la liberté sexuelle sont donc des atteintes à la dignité humaine qu'il faut absolument protéger à cause de son caractère humiliant. Les violences sexuelles sont aussi une atteinte à l'égalité entendue comme une valeur juridique. La relation entre liberté sexuelle, dignité et intégrité humaine a des conséquences sur l'analyse des

---

[99] À l'instar des atteintes fondées sur l'orientation sexuelle et l'identité de genre.

valeurs juridiquement protégées liées aux biens des victimes.

2- La protection des biens

47. La chose n'existe en droit que par rapport à l'homme. C'est parce que l'homme exerce son pouvoir juridique sur la chose que celle-ci devient un bien. La chose serait donc le support corporel de l'aspect juridique du bien, et le bien serait l'ensemble des droits qui peuvent porter sur la chose. C'est ce bien juridique que le Pacte protège. Le principe de la protection des biens s'accommode des standards du Pacte au point d'en faire de la destruction, non seulement une violation du Pacte mais davantage une atteinte à l'ordre public international. C'est dans ce sens que le DIH a consacré le principe de la protection des biens pendant les conflits armés. Cette protection se manifeste par l'incrimination des comportements constitutifs de crimes de guerre. La valeur juridique qu'on considère atteinte est le droit de propriété. Sa violation entraine donc un dommage international. Qu'elle soit individuelle ou collective, la propriété, roi des droits, naturel et imprescriptible [100] renferme une valeur patrimoniale fondamentale, car aucune chose n'a en soi de valeur. Elle est perçue à travers son utilité économique et la possibilité d'être insérée dans le patrimoine des victimes de violations du PIDCP.

48. Le droit de propriété remplit une fonction qui voudrait que les impératifs du cadre social dans lequel il s'exerce soient respectés. C'est en s'appuyant sur les aspects individuels et sociaux que la propriété a été exaltée par les

---

[100] Morand-Deviller (J.), *Cours de droit administratif des Biens,* 2ème éd., Paris, Montchrestien, 2001, p. 365.

deux Pactes. Elle est une condition de la liberté et de l'indépendance des individus, et qu'elle est le meilleur moyen que l'on ait trouvé pour stimuler le travail et l'activité. L'évolution de la propriété aujourd'hui, va dans le sens d'une régression constante des prérogatives du propriétaire, se manifestant sous la forme d'une collectivisation plus ou moins avancée. Cette collectivisation porte néanmoins atteinte au caractère individuel et souverain du droit de propriété. L'atteinte à la propriété fait partie de l'ensemble des atteintes que le Comité est appelé à réparer individuellement ou collectivement. Toutefois, le Pacte a fait apparaitre la propriété comme un droit subjectif susceptible d'être invoqué par la victime. Les États Parties doivent le protéger en temps de paix contre les effets prévisibles d'un conflit armé. C'est la raison pour laquelle ces États sont tenus de prendre, dans le cadre de leur système de droit pénal, toutes mesures nécessaires pour que soient punies les violations du Pacte en général et celles de la propriété en particulier pour éviter la réalisation des préjudices.

B- La réalisation des préjudices réparables

49. Miroir brisé[101], la victime devant le Comité souffre assurément des violations des droits protégés en vertu du Pacte. Les souffrances qu'elle exprime, peuvent cependant être classifiées en fonction de leur nature selon qu'il s'agit des préjudices patrimoniaux (1) et extrapatrimoniaux (2).

---

[101] Charley (C.), *Mirages et miroirs brisés : les victimes dans l'Ex-Yougoslavie*, Altamira, France, 1995, p. 158.

1- Les préjudices patrimoniaux

50. « *Atteinte portée à l'ensemble des biens et des obligations d'une personne physique ou morale qui constituent la masse de son patrimoine* »[102], le préjudice patrimonial comprend toutes les atteintes au patrimoine des victimes avec des conséquences patrimoniales qui en résultent pour les victimes directement lésées ou pour des tiers. Il peut se présenter sous différentes formes, suivant la nature des biens ou la manière dont a été lésé le patrimoine de la victime. Ainsi, les victimes devant le CDH peuvent solliciter la réparation du préjudice aussi bien matériel qu'économique. Le préjudice matériel et le préjudice économique sont difficilement détachables l'un de l'autre, si bien qu'il n'est pas toujours aisé de les distinguer aux fins de réparation. Néanmoins, le préjudice matériel a donc pour objet la détérioration ou la destruction d'un bien appartenant à la victime du fait de l'État. Il en résulte ainsi une perte, une soustraction, une dépréciation du bien ou des pertes d'argent, des dépenses exposées et des gains manqués en conséquence de l'atteinte à l'intégrité physique ou morale[103]. Le préjudice matériel semble être l'un des griefs fréquemment formulés devant le Comité.

51. Les violations flagrantes des droits protégés en vertu du Pacte peuvent entrainer des préjudices économiques. Le préjudice économique s'apparente à une évaluation pécuniaire, proportionnelle à la gravité de la violation. Il faut le distinguer du préjudice économique « *pur* », qui ne

---

[102] Lemasson (A.-T.), *La victime devant la justice pénale internationale,* Thèse, Limoges, 2010, p. 400.

[103] Géneviève (V.), Patrice (J.), Jacques (G.), *Traité de droit civil : les conditions de la responsabilité (dommage, fait générateur, régimes spéciaux, causalité),* 3ème éd.; Paris, LGDJ, EIA, 2006, paragraphes 154 à 178 et 304 à 331 ; 1387 p.

résulte ni d'une atteinte à la personne, ni d'une atteinte aux biens et qui génère des conséquences économiques[104]. Ce préjudice est en réalité une atteinte à l'économie. Par contre, le préjudice économique réparable devant le Comité des droits de l'homme des Nations Unies, englobe l'ensemble des frais de procédure, d'expertise, de déplacement, les frais encourus pour l'assistance judiciaire, les médicaments, les services médicaux, psychologiques et sociaux. La pratique montre cependant qu'il est plus considéré comme un manque à gagner subordonné à une estimation prudente préalable des dommages[105]. Il peut être apprécié en fonction des circonstances de l'espèce en termes de revenus à percevoir par la victime[106]. La base de l'évaluation du préjudice économique est fondée sur le calcul des pertes de revenus. Ces pertes correspondent aux revenus non perçus à partir de la date de violation du droit protégé jusqu'à la décision de justice intervenue dans une affaire. Elles prennent en considération le salaire moyen dans le pays concerné, multiplié par le nombre d'années restant avant d'atteindre l'âge de l'espérance de vie moyenne.

52. Les frais sus évoqués et constitutifs du préjudice économique peuvent alors être remboursés à la victime sur présentation des pièces justificatives. À la frontière du droit et du chiffre, l'évaluation du préjudice économique réparable est souvent une question épineuse pour les juristes. Outre l'aspect des coûts subis, le préjudice économique correspond aussi à la perte éprouvée. Elle peut consister dans la perte de valeur d'un bien, d'un droit.

---

[104] Cayot (M.), *Le préjudice économique pur*, 1ère éd.; Institut universitaire Varenne, Montpellier ; 2017 ; 654 p.

[105] CIADH, *Vélasquez c. Honduras (réparation),* arrêt du 21 juillet 1989, Série C, n°7, paragraphes 46-48.

[106] I*bid.*

Donc, « *les dommages et intérêts dus au créancier [à la victime] sont, en général, de la perte qu'il (elle) a faite et du gain dont il [elle] a été privé* »[107] Dans tous les cas, le préjudice économique présuppose la compensation des effets négatifs résultant de l'écoulement du temps depuis la survenance du préjudice causé par les agissements liberticides de l'État.

En somme, le préjudice économique renvoie à « *la perte de revenus de la victime, les frais encourus à raison des faits de la cause et les conséquences de caractère pécuniaire qui ont un lien de causalité direct avec les faits incriminés* »[108]. Le Comité indemnise ainsi le manque à gagner et la perte de revenus avec « *une prudente estimation des dommages* » [109] . Sous ce rapport, et parce qu'il est naturellement porté à n'opérer aucune distinction entre les chefs de préjudice lorsqu'il s'agit de définir ce qui est réparable, le CDH pourrait considérer que la notion de préjudice économique doit être interprétée de façon particulièrement extensive.

53. Quoi qu'il en soit, le préjudice économique ne bénéficie d'aucune unité conceptuelle[110]. C'est pour cette raison que le Comité ne peut donner un traitement particulier à ce préjudice, au demeurant, un peu rare dans sa jurisprudence. Il reste néanmoins la problématique de son évaluation. Même si elle peut se faire *in concreto*, l'indemnisation de

---

[107] Selon l'article 1231-2 du code civil français.

[108] CIADH, *Cantoral Benavides c. Pérou,* arrêt du 18 décembre 2000, Série C n°69, paragraphe 166 *; La Cantuta c. Pérou,* arrêt du 29 novembre 2006, Série C, n°162, paragraphe 123.

[109] CIADH, arrêts *Velasquez (réparation),* préc, para 46-4 8 ; *Aloeboetoe et autres (réparation*), arrêt du 4 décembre 1991, Série C, n°11, paragraphe 87.

[110] Bélot (F.), « Pour une reconnaissance de la notion de préjudice économique en droit français », *LPA*, 2005, n°258, p. 8. et s.

ce préjudice semble aléatoire et démesurée. L'enjeu est de préciser son contenu avant d'envisager une forme de réparation. Fort de la complexité du préjudice économique, on peut estimer qu'il est difficilement indemnisable par le Comité en raison de son caractère incertain dans les textes organiques qui régissent l'activité du Comité, et surtout de la difficulté à le démontrer. L'on peut même penser à un arbitrage peu rigoureux des experts du Comité face à une demande de réparation du préjudice économique. Aussi, le choix de la qualification appropriée entre la perte subie, le gain manqué et la perte de chance constitue une potentielle difficulté.

2- Les préjudices extrapatrimoniaux

54. Les préjudices extrapatrimoniaux consistent en la lésion d'un intérêt de nature extrapatrimoniale. Ils sont difficilement quantifiables en argent. Compte tenu de leur particularité, ces préjudices sont en réalité des atteintes à la personne de la victime. Il s'agit notamment des souffrances physiques ou *pretium doloris*, du préjudice physiologique, moral et esthétique. Les victimes ont souvent invoqué le préjudice corporel devant le Comité, au soutien de leurs demandes de réparation. Difficile de donner un contenu juridique de la notion, le préjudice physique peut se comprendre comme étant une atteinte à l'intégrité physique de la victime. Il peut donc s'agir des blessures, des violences et tortures, détention sans contact avec l'extérieur, d'une diminution de la capacité physique de la victime, d'une mutilation, d'une amputation, d'une infirmité, d'une paralysie ou d'une perte de sensibilité. C'est en somme la question du *pretium doloris* ou le prix de la douleur physique endurée par la victime.

55. La description ainsi faite n'est pas exhaustive ou limitative[111] car à s'en tenir à elle, elle peut être « source de désordre du droit de l'indemnisation » devant le Comité à cause bien sûr de « *l'absence de typologie légale des chefs de préjudices réparables* »[112]. Il faudra alors définir une nomenclature *Dinthilac* du préjudice corporel dont le but est de servir de boussole aux praticiens de la protection universelle des droits de l'homme, en répertoriant les postes d'indemnisation selon des définitions universellement partagées. L'une des déclinaisons du préjudice corporel porte sur le préjudice sexuel. Celui-ci met en exergue la facette morphologique et la facette reproductive du sexe[113]. Il a pour objet la réparation des atteintes à la fonction sexuelle ou la faculté de procréer de la victime. Quant au préjudice issu de la privation d'un organe, il vise plutôt à indemniser un préjudice extrapatrimonial découlant d'une incapacité médicalement constatée, à faire usage des fonctions du corps. Loin d'être la seule face invisible du préjudice corporel, la privation d'un organe se distingue de la « *privation d'une activité déterminé de loisirs* » [114] caractéristique du préjudice d'agrément. Ce préjudice n'est pas incompatible avec le préjudice esthétique dont la prise en compte consiste à réparer les atteintes portées à la beauté [115] physique d'une personne, et susceptible

---

[111] Denimal (M.), *La réparation intégrale du préjudice corporel : réalités et perspectives*, Thèse, Lille II, 2016, p. 156.

[112] Lambert-Faivre (Y.) et Porchy-Simon (S.), *Droit du dommage corporel et systèmes d'indemnisation,* Précis Dalloz, 8ème éd., 2015, n°1et s.

[113] Groutel (H.), *Les facettes de l'autonomie du préjudice sexuel* : Resp Civ et assur. 1993, chron. 7

[114] Cass. 2ème Civ, 28 mai 2009, n°08-16.826 : *JurisData* n°2009-048335 ; Bull. Civ. 2009, II, n°131.

[115] Charruau (J.), La Beauté : aspects juridiques et politiques, Poitiers, LGDJ-Presses Universitaires Juridiques de l'Université de Poitiers,

d'entrainer « *la souffrance physique ou psychique que le handicap quotidien entraine pour la victime* »[116] dans la conduite de ses activités. « *La largesse de cette énumération permet de conclure qu'il s'agirait moins d'un préjudice particulier que du regroupement, dans une perspective essentiellement symbolique surtout à destination de la victime* »[117]

56. La souffrance physique ne s'arrête évidemment pas lorsque le bourreau cesse de sévir. Elle change tout simplement de nature et devient moral. Conséquence réelle de l'atteinte du droit suprême qu'est le droit à la vie[118], le préjudice moral « *is a fact just as real as physical suffering, and susceptible of measurement by the same standards. The interdependency of the mind and body, now universally recognized, may result in a mental shock producing physical disorders. But quite apart from any such result, there can be not doubt of the reality of mental suffering, of sickness of mind as well as sickness of body, and of its detrimental and injurious effect on the individual and of his capacity to produce. Why, then, should he be remediless for*

Coll. « Faculté de droit et des sciences sociales de Poitiers », 2016, 208 p.

[116] Cass. 2ème Civ, 23 juin 1993 ; *JCP* G 1993, IV, 2191.

[117] Lemasson (A-T.), *La victime devant la justice pénale internationale*, *op.cit.*, p 417

[118] CDH, Communications n°146/1983 et 148 à 154/1983, *John Khemraadi Baboeram, André Kamperveen, Cornelis Harold Riedewald, Gerald Leckie, Harry Sugrim Oemrawsingh, Somradj Robby Sohansingh, Lesley Paul Rahman et Edmund Alexander Hoost c. Suriname, Constatation, 4 avril 1985, para 14.3, in Documents officiels de l'Assemblée générale, 4ème session, Suppl. n° 40,* p. 209. ; Communication n°1619/2007, *Felipe et Evelyn Pestano c. Philippines*, constatation, 23 mars 2010, para 7.2, *in ibid, 65ème session, Suppl, n°40*, vol. II, p. 327. Voy également, Comité des droits de l'homme, Observation générale n°6, Article 6 (droit à la vie), para 1, *ibid, 37ème session, Suppl. n°40,* p. 104.

this injury ? » [119]. Dans la conception classique de la responsabilité du fait internationalement illicite, le préjudice moral consiste en une atteinte personnelle à l'honneur ou au prestige de la victime. Plus précisément, sa nomenclature renvoie à l'ensemble des « *souffrances et les dommages directement causés à la victime directe et à ses proches, les atteintes aux valeurs très importantes pour les victimes, ainsi que les altérations, y compris non pécuniaires, des conditions de vie de la victime et de sa famille* » [120]. Il englobe l'ensemble des souffrances psychologiques de la victime nées des violations des droits protégés en vertu du PIDCP. Dans tous les cas, le préjudice moral peut être présumé toutes les fois que l'État a manqué à ses engagements internationaux vis-à-vis de l'individu, à une condition que la victime « *démontre qu'un tel préjudice immatériel (...) découle inévitablement des faits illicites* »[121].

Section 2 - La mise en cause de l'État comme un droit de la victime

57. Au droit d'accès au Comité des victimes de violations du Pacte (Paragraphe 1), correspond le droit pour ces

---

[119] Commission mixte de réclamations États-Unis/Allemagne, Lusitania, SA, sentence arbitrale du 1er novembre 1923 opinion, R.S.A, vol. VII, p. 32.

[120] CIADH, Arrêts *Cantoral*, *op cit*, paragraphe 175 ; affaire *Mapiripàn Massacre c. Colombie,* arrêt du 15 septembre 2005, Série C, n°134, paragraphe 282 ; *Anzualdo Castro c. Pérou*, exceptions préliminaires, fond, réparations et frais, 22 septembre 2009, Série C, n°202, paragraphe 430.

[121] CIJ, *Ahmadou Sadio Diallo (République de Guinée c. République démocratique du Congo), indemnisation,* arrêt, *Rec 2012*, p. 334, paragraphe 21

victimes de participer à la procédure de communication individuelle sous une certaine identité (Paragraphe 2).

Paragraphe 1- La saisine formelle du Comité

58. La saisine du CDH peut s'apprécier au regard de l'accès du requérant au prétoire (A) et de la participation de celui-ci à la procédure (B).

A- L'accès conditionnée du requérant au prétoire

59. Pour accéder au prétoire du Comité, les particuliers sont tenus, à peine d'irrecevabilité, au respect de la règle de l'épuisement des voies de recours internes (1) et de l'interdiction des recours parallèles (2).

1- La règle de l'épuisement des voies de recours internes

60. La règle coutumière de droit international [122] de l'épuisement des voies de recours internes est une règle « *complexe et donc particulièrement féconde pour la jurisprudence, puisque (sa) mise en œuvre génère un contentieux particulièrement abondant* » [123] devant le Comité. Elle est consacrée par les articles 41 alinéa 1(c) du Pacte, 2 et 5 du Protocole facultatif. Elle signifie que toute requête alléguant une violation des droits protégés en vertu du Pacte doit d'abord être examinée par les autorités

---

[122] CIJ, *Interhandel,* arrêt du 21 novembre 1959, Rec, 1959, p. 27.

[123] Niel (P-L.) et Morin (M.), « L'exception de litispendance internationale et la juridiction de l'autorité religieuse saisie », *Actualité juridique.fr*, 3 avril 2017, p. 2 et s.

compétentes de l'État Partie. C'est donc devant ces autorités étatiques que cette règle trouve son application dans le cadre du Pacte et son Protocole. *« Ici, tout comme dans le système de la protection diplomatique, la nécessité de l'épuisement des voies de recours internes résulte du fait qu'il s'agit d'abord de la mise en jeu de la responsabilité internationale d'un État et qu'il n'est, par conséquent pas raisonnable de la faire jouer sans avoir essayé au préalable d'obtenir satisfaction auprès des instances internes normalement compétentes de l'État mis en cause »*[124].

61. Les dispositions sus évoquées du Pacte et du Protocole ne se limitent pas seulement à poser le principe, mais donne l'occasion de s'interroger sur la notion de *« recours disponible »* ainsi que les notions dérivées comme *« épuisement »*. Il se dégage de l'interprétation des dispositions combinées des articles cités plus haut que la notion de *« recours »* s'entend de l'usage de tous les recours judiciaires[125] mis en œuvre par les particuliers, victimes des violations des droits de l'homme *« dans la mesure où de tels recours semblent utiles en l'espèce et sont de facto ouverts à l'auteur [à un particulier] »*[126]. Les recours judiciaires ordinaires, extraordinaires et même constitutionnels prévus par l'ordre juridique interne visent

[124] Wiebringhans (H.), « La règle de l'épuisement préalable des voies de recours internes dans la jurisprudence de la commission européenne des droits de l'homme », *AFDI*, vol 5, 1969, pp. 685-704.

[125] CDH, *RT c. France*, Communication n°262/1987, décision concernant la recevabilité, 3 avril 1989, paragraphe 74, *Schmidl c. Rép Tchèque*, Communication n°1515/2006, décision concernant la recevabilité, 1er avril 2008, paragraphe 6.2 ; *Katsaris c. Grèce*, Communication n°1558/2007, décision concernant la recevabilité, 18 mars 2011, paragraphe 6.2

[126] CDH, affaire *P.L c. Allemagne,* Communication n°1003/2001, décision concernant la recevabilité, 7 novembre 2003, paragraphe 5.2.

donc toutes les actions judiciaires efficaces[127] susceptibles de régler le litige. Les recours judiciaires efficaces sont des recours destinés à enquêter, poursuivre et sanctionner les responsables de violation des droits humains.

62. La règle de l'épuisement s'accommode par ailleurs des exigences procédurales en vigueur dans l'ordre juridique interne. L'auteur d'une communication individuelle est tenu de se conformer aux formalités procédurales exigées par le droit interne par rapport à un recours précis. Par exemple, le requérant doit respecter les délais de l'action prévus par la réglementation interne pour épuiser les voies de recours qui lui sont accessibles[128]. La notion de recours peut aussi se comprendre comme l'ensemble des règles qui n'entrent pas dans le champ d'application des dispositions des articles 41 du Pacte et 5 de son Protocole. Tout porte à croire que même les recours non juridictionnels n'en font pas partie parce qu'ils ne sont pas destinés à mener une enquête, à poursuivre ou sanctionner les auteurs des violations des droits civils et politiques. Ils ne présentent pas les caractéristiques d'un recours ordinaire dont les principes de droit international généralement reconnus, exigent l'épuisement, car ils ont pour objet l'obtention d'une faveur et non la revendication d'un droit.

63. Par ailleurs, le requérant doit rapporter la preuve de l'épuisement des voies de recours en soumettant des documents probatoires, même si cette condition est souvent appréciée avec souplesse devant le Comité[129]. En retour, il reviendra à l'État défendeur de prouver que le requérant n'a pas encore épuisé les voies de recours internes.

---

[127] CDH, *Vicente et Consorts c. Colombie,* Communication n°612/1995, constatation du 29 juillet 1997, paragraphe 5.
[128] CDH, *aff A.P.A c. Espagne,* Comm n°433/1990.
[129] CDH, *Muhonen c. Finlande*, Comm n°89/1981

64. Toutefois, la règle de l'épuisement des voies de recours internes n'est pas sans exception devant le CDH. En effet, un requérant peut être libéré de l'obligation d'épuiser les voies de recours internes lorsqu'il est établi que le recours judiciaire interne est vraisemblablement inefficace ou inaccessible. Sur présentation bien entendu, des éléments probatoires à la charge du requérant. En réaction, l'État mis en cause est tenu de « *décrire en détail les recours dont l'auteur aurait pu se prévaloir en vertu de la loi dans les circonstances de l'espèce et apporter la preuve qu'il y avait raisonnablement lieu de s'attendre à ce que ces recours soient efficaces(...). Le comité note que l'État partie n'a pas expliqué en quoi la procédure civile aurait apporté satisfaction à l'auteur en l'espèce* »[130].

2- L'interdiction des recours parallèles

65. L'article 5 paragraphe 2 du Protocole est le fondement légal de l'interdiction des recours parallèles dont l'inobservation entraine la irrecevabilité de la requête. En effet, le Comité n'examinera aucune communication d'un particulier sans être assuré que : la même question n'est pas déjà en cours d'examen devant une autre instance internationale d'enquête ou de règlement. Il est néanmoins compétent pour examiner les requêtes déclarées irrecevables devant d'autres instances de protection des droits de l'homme[131], même en cas d'irrecevabilité pour

---

[130] CDH, affaire *Butavenko c. Ukraine*, Communication n°1412/2005, paragraphe 6.4 ; *Sequeira c. Uruguay*, Communication n°6/1977, paragraphe 6.c

[131] CDH, *Alzery c. Suède*, 25 octobre 2006, Communication n°1416/2005 ; *Tchanko Roussev Gueorguiev c. Espagne,* 24 juillet 2007 ; Communication n°1386/2005 *Winker c. Autriche*, 24 juillet 2007, Communication n°1468/2006.

épuisement des voies de recours internes[132]. Par contre, le Comité rejette toute action venant de la CEDH qui a été rejetée par cette juridiction pour vice de forme ou pour des motifs qui portent sur le fond, c'est-à-dire des demandes qui n'ont aucune apparence de violation des droits et libertés garantis par le Pacte[133]. Cette interdiction a plusieurs fois été rappelée dans la pratique lorsque le CDH a précisé que les dispositions sus évoquées renvoient tout simplement à une communication d'un particulier *« relating to the same parties, the same facts and the same substantive rights »*[134]. Ainsi compris, le principe de l'interdiction du recours parallèle pose la problématique de la litispendance et du *non bis in idem* en droit international des droits de l'homme.

66. La litispendance est mise en œuvre au moyen d'une exception d'irrecevabilité et non par le mécanisme procédural du déclinatoire de compétence. L'intérêt du principe de l'interdiction du recours parallèle est d'éviter tout conflit de procédure ou de jugement entre les instances de protection des droits de l'homme. De même, il concourt à promouvoir la célérité du contentieux international. Pour prospérer devant le Comité, le système d'exception de la litispendance appelle la vérification d'une triple identité d'objet, de cause et de partie. Il y a litispendance lorsque les autres parties sont les mêmes dans la position de demandeur et défendeur. Le Comité recherchera également l'identité de cause dont la pertinence porte sur les droits violés devant

[132] CDH, *Wdowiak c. Pologne,* 31 octobre 2006, Communication n°1446/2006.
[133] CDH, *Lorenzo c. Italie,* 24 juillet 2007, Communication n°1419/2005.
[134] CDH, *Lederbaner c. Autriche,* 13 juillet 2007, Communication, n°1454/2006.

les instances « *correspondent largement* » [135] ou sont similaires[136]. L'identité d'objet ou de fait vient couronner la compréhension de la litispendance en ce que le litige doit être unique devant deux instances supposées compétentes pour en connaître.

67. Le mécanisme de la litispendance ne pose-t-il pas le problème de la reconnaissance des décisions émanant des autres instances de protection des droits de l'homme ? Sans renier la compétence de ces juridictions, l'admission de la litispendance participe de la reconnaissance du fond des décisions portant sur les constatations ou les règlements des violations des droits de l'homme, dès lors que les décisions d'irrecevabilité ne les lient pas. S'agissant de l'autorité de la chose jugée, elle s'inscrit dans la même logique que la litispendance dans les mêmes conditions pour donner plein effet à la mise en œuvre de l'article 5. Une requête ne sera donc pas recevable devant le Comité lorsqu'il y a autorité de la chose jugée résultant d'un autre mécanisme de règlement des litiges en droits de l'homme. À l'égard du CDH, la chose jugée de la CEDH, CIADH, CADHP ou constatée du CAT par exemple lui impose la règle *non bis in idem*. En effet, un arrêt de condamnation de l'État ou une « décision » qui constate les violations des droits et libertés est porteuse de vérité sur la responsabilité de cet État. C'est en réalité la reconnaissance solennelle et universelle de la responsabilité étatique pour violations des droits de l'homme. Sous ce rapport, la vérité universelle qui en résulte découle alors de ce qui a été jugé ou constaté, parce

---

135 CDH, *Walter Kollar c. Autriche*, 1er septembre 2003, Communication n°989/2001, 22 septembre 2003 ; *Rupert Althammer Consorts c. Autriche,* n°998/2001.

136 CDH, *Werner Peterson c. Allemagne*, 30 avril 2004, Communication n°1115/2002.

que justement cette vérité est l'expression de la responsabilité internationale de l'État.

B- La participation encadrée du requérant à la procédure

68. Il résulte du *ratio legis* des dispositions du règlement intérieur du Comité, que la participation du requérant à la procédure commence par la soumission préalable d'une communication (1) dont l'examen révèle la faiblesse du rôle de la victime (2).

1- La soumission préalable d'une communication contentieuse

69. Le rôle contentieux du Comité mis en évidence dans l'intitulé de ces développements, renvoie à la soumission préalable d'une communication parfois appelée « *requête* » ou « *plainte* ». En effet, elle est déposée contre un État qui peut « *en vertu du présent article, déclarer à tout moment qu'il reconnait la compétence du comité pour recevoir et examiner des communications dans lesquelles un État partie ne s'acquitte pas de ses obligations au titre du présent pacte* »[137]. Mais c'est davantage la fonction du comité d'établir les violations des droits humains [138] quand il examine la communication d'un individu contre un État Partie au Pacte, lequel reconnaît que « *le comité a compétence pour recevoir et examiner des communications émanant de particuliers relevant de sa juridiction qui prétendent être victimes d'une violation par cet Etat partie,*

---

[137] Lire l'art 41 du PIDCP.

[138] CPJI, *Concession Mavromatis*, *op cit.*

de l'un quelconque des droits énoncés dans le pacte »[139]. C'est d'ailleurs cette fonction contentieuse qui découle de ces précisions qui font relever avec emphase la nature quasi-juridictionnelle du Comité, en l'absence surtout du caractère obligatoire de ses constatations. C'est aussi dans cet esprit du contentieux que la question de la soumission d'une plainte individuelle a tout son pesant juridique.

70. La possibilité pour la victime des violations des droits humains de solliciter les réparations résulte du protocole facultatif se rapportant au PIDCP. En effet, l'art 2 de ce Protocole reconnait aux victimes le droit de déposer une plainte en cas de violation de ses droits selon la formule suivante : « *Sous réserve des dispositions de l'article premier, tout particulier qui prétend être victime d'une violation de l'un quelconque des droits énoncés dans le pacte et qui a épuisé tous les recours internes disponibles peut présenter une communication écrite au comité pour qu'il l'examine* ». Recours ultime en matière de violation des droits protégés par le pacte, le dépôt d'une communication contentieuse a pour corollaire son examen obligatoire par les membres du Comité. Ceux-ci sont tenus de vérifier les conditions de forme avant de s'appesantir sur les mérites de leur saisine.

71. Sur la forme de la plainte, il ressort de la lecture du règlement intérieur que le Comité recherche les critères de recevabilité externes à la plainte. En effet, la communication doit être faite par écrit et ne pas être anonyme, même s'il n'existe pas de forme particulière à suivre. Il est donc fait obligation à la victime de soumettre dans l'absolu « une communication écrite ». La scriptomanie semble avoir été exigée *ad validitatem*, dans

---

[139] Conformément à l'art 1 du Protocole facultatif se rapportant au PIDCP.

le but de garantir la régularité de la procédure. La requête devra par ailleurs être lisible, de préférence dactylographiée et signée de la victime ou de son représentant, dans une langue officielle de travail des Nations Unies à savoir l'anglais, l'arabe, le chinois, l'espagnol et le Russe[140]. Cependant, le règlement intérieur ne prévoit pas une sanction de l'inobservation de cette condition précise. Si l'on appelle le principe général de droit selon lequel pas de sanction sans texte, l'on ne peut imaginer une sanction à cet effet. On peut cependant penser qu'une requête rédigée en une langue autre que l'anglais, l'arabe, le chinois, l'espagnol ou le russe ne sera pas certainement examinée avec célérité. Son examen appellera au préalable les services d'un traducteur et dont le déploiement empiètera sur le temps raisonnable pour apprécier une requête. Dans tous les cas, le requérant devra présenter une requête traduite en substance ainsi que toutes les pièces afférentes.

72. À peine d'irrecevabilité de la requête, tous les griefs qui la fondent doivent être exposés et argumentés. Les copies annotées des pièces justificatives doivent être annexés à la requête par ordre chronologique. On devrait aussi retrouver dans la plainte des informations permettant d'identifier l'auteur ou la victime présumée si elle n'est pas l'auteur de la plainte[141]. Une requête introduite dans le respect de ce formalisme garantit la transmission des renseignements essentiels et nécessaires pour Comité.

73. Cependant, sur le fond, il s'agit pour l'essentiel des conditions de mise en œuvre d'une action en justice en droit international. Elles sont relatives aux critères cumulatifs

---

[140] CDH, Règlement intérieur, art 28 ; Fiche d'information des N.U, n°7(Rev.2) 2013.

[141] Un formulaire type pour la présentation de requêtes est disponible à l'adresse suivante : http://www.ohchr.org/documents/HRBodies/TB/complaintForm.doc

d'attribution de la qualité de victime. Pour chaque victime, le Comité s'oblige donc à vérifier qu'une réponse positive peut être apportée à quatre questions principales : la victime est-elle une personne physique ? Les droits violés sont-ils protégés par le pacte ? A-t-elle subi un préjudice, existe-t-il un lien de causalité ? Le critère de la capacité à agir ne pose pas de problème majeur dès lors que la victime est forcément un être humain tel qu'il ressort du préambule du Pacte [142]. Toutefois, le Comité doit se rassurer que les communications introductives d'instance émanent des violations des droits [143] « *des individus relevant de la juridiction [de l'État mis en cause]* » [144]. Ces critères de compétence s'apprécient en même temps que ceux relatifs à la démonstration de l'existence d'un préjudice dont la nature n'a point été définie par les instruments internationaux des droits de l'homme[145]. Au sujet du lien de causalité, il est nécessaire que le requérant démontre que le préjudice subi est le résultat des atteintes aux droits protégés.

74. D'autres critères peuvent également régir le droit de la recevabilité des communications devant le Comité. L'interprétation des dispositions du Pacte fait savoir que seules les violations commises à la date d'entrée en vigueur du Protocole facultatif à l'égard de l'État concerné

---

[142] « Considérant que (…), la reconnaissance de la dignité inhérente à tous les membres de la famille humain (…), Reconnaissant que ces droits découlent de la dignité inhérente à la personne humaine (…), Prenant en considération le fait que l'individu a des devoirs envers autrui (…) ».

[143] CDH, *aff Alekperov c. Fédération de Russie*, Communication n°1764/2008, paragraphe 8.3 ; *C.E.A c. Finlande,* communication n°316/1988, para 6.2

[144] CDH, *Gorji-Dinka c. Cameroun*, communication n°1134/2002.

[145] Voir *supra* sur la définition des préjudices réparables devant le CDH.

ressortissent de la compétence matérielle de cette quasi-juridiction. Néanmoins, les violations continues, persistantes ou prolongées des droits humains après l'entrée en vigueur du Protocole, ou commises antérieurement par l'État Partie[146], peuvent être examinées par le Comité[147]. Quid du critère de l'épuisement des voies de recours internes ? *« Le comité n'examinera aucune communication d'un particulier sans s'être assuré que (...) le particulier a épuisé tous les recours internes disponibles. Cette règle ne s'applique pas si les procédures de recours excèdent des délais raisonnables »*[148], même si cette règle coutumière[149] de l'épuisement des voies de recours est très souvent examinée dans certaines affaires au même moment que les questions de fond[150] .

2- La faible participation de la victime

75. Les particuliers, victimes d'une violation des droits protégés par le Pacte peuvent-ils invoquer le « droit de

---

[146] CDH, *Konye c. Hongrie,* communication n°520/92, décision concernant la recevabilité, 7 avril 1994, paragraphe 6.4

[147] CDH, *Lovelace c. Canada,* communication n°24/1977, décision concernant la recevabilité, 30 juillet 1981 paragraphe 73 ; *Avadanov c. Azerbaijan*, communication n°1633/2007, décision concernant la recevabilité, 28 juillet 2009, paragraphe 6.2.

[148] Article 5 paragraphe 2(b) du Protocole facultatif.

[149] CIJ, *l'Interhandel*, Rec 1959, *op cit,* « ...la règle selon laquelle les recours internes doivent être épuisés avant qu'une procédure internationale puisse être engagée est une règle bien établie du droit international coutumier », p. 27.

[150] CDH, *Amirova c. Fédération de Russie*, communication n°1447/2006, constatation du 2 avril 2009 paragraphe 10.4 ; *Munaf c. Roumanie*, communication n°1539/2006, constatation du 30 juillet 2009 paragraphe 7.5 ; *Kalamiotis c. Grèce*, communication n°1486/2006, décision concernant la recevabilité, 5 août 2008 paragraphe 6.4.

participer à la procédure » devant le Comité ? Le droit individuel pour ces victimes de saisir directement le CDH permet de répondre sans réserve à cette question qui va orienter le propos. Loin d'être une sinécure, le droit de participer à la procédure pose à son tour la problématique de sa portée ou de sa densité procédurale. L'analyse des dispositions générales régissant l'examen des communications par le Comité ou ses organes subsidiaires, fait penser à une faible participation de la victime des violations des droits de l'homme devant le Comité. Il convient donc de mettre en évidence les raisons ou les fondements juridiques de cette faible participation avant de cristalliser le propos sur la portée de cette participation.

76. Le fondement général du droit de participer à la procédure est l'article 2 du Protocole qui dispose : «*...tout particulier qui prétend être victime d'une violation de l'un quelconque des droits énoncés dans le Pacte et qui a épuisé tous les recours internes disponibles peut présenter une communication écrite au Comité pour qu'il l'examine* ». En utilisant le vocable victime, les rédacteurs du Protocole facultatif se rapportant au Pacte ont voulu mettre ainsi en exergue le droit individuel à la réparation, et surtout un mécanisme international de plainte accessible aux victimes considérées comme sujets dérivés (ou secondaires) du droit international public [151] , et qui disposent des capacités internationales spécifiques adaptées à leurs besoins[152]. À ce fondement général, l'on peut appeler un autre fondement spécial. Orientée essentiellement vers la responsabilité de

[151] Arbour (J.-M.), *Droit international public*, 4ème éd., Cowansville (Qc), Yvon Blais, 2002, p. 2.

[152] Voir par exemple *Libye c. California Asiatic Oil Co et Texas Overseas Petroleum Co (1997), 17 ILM3.* La capacité internationale d'un individu dans la convention pour le règlement des différends relatifs aux investissements entre États et ressortissants d'autres États, Nations Unies, Rec de traités, vol 575, p. 161.

l'État, la procédure devant le CDH explique la faiblesse de l'action de la victime. Même si l'examen des communications individuelles est « *le résultat d'un examen qui se déroule dans un esprit judiciaire, marqué notamment par l'impartialité et l'indépendance des membres du Comité* »[153], il n'en demeure pas moins que c'est une procédure essentiellement destinée à faire respecter les droits civils et politiques protégés par le Pacte.

77. L'objet de la procédure en vigueur devant le CDH est de veiller au respect des droits consacrés par le Pacte, et surtout de prévenir les violations graves répétitives de ces droits à travers un « *service des urgences du contentieux des droits de l'homme* »[154] assuré par le Comité. Ainsi, cet organe se contente d'établir les violations des droits humains et d'indiquer les réparations adéquates. Si les constatations du Comité doivent persuader parce qu'elles sont *« beaucoup plus efficaces que n'importe quelle procédure autoritaire »*[155], il ne fait l'ombre d'aucun doute que la faible participation des victimes à l'instance est due au fait que la procédure met en évidence les actions liberticides de l'État.

---

[153] Kerbrat (Y.), « Aspects de droit international général dans la pratique des Comités institués par les Nations Unies dans le domaine des droits de l'homme (2008-2009) », *AFDI*, vol 55, 2009, pp. 559-573. Lire aussi Borsus (H.), *La place de l'individu dans le système de la responsabilité internationale*, mémoire, Université catholique de Louvain, 2016, 44 p. De Nanteuil (A.), « Quelle place pour la victime en droit international ? » , *L'observateur des Nations Unies*, vol 28 (2010-1), 278 p.

[154] Hennebel (L.), « Chronique des décisions du Comité des droits de l'homme (2007-2010) », *RTDH*, n°87, juill 2011, pp. 545-593.

[155] De Gennes (P.-G.), « La persuasion vaut mieux que toutes les procédures », *l'Expansion management review*, Groupe expansion, Paris, 1996, p. 102.

78. Outre les éléments de recevabilité de la requête introductive d'instance ci-dessus examinés[156], le Comité doit s'assurer que celle-ci n'est pas anonyme et qu'elle émane d'un particulier ou des particuliers, relevant de la juridiction d'un État Partie au Protocole facultatif. Il doit aussi vérifier que le requérant prétend, par des allégations suffisamment étayées, être victime d'une violation imputée à l'État mis en cause[157]. Les droits objet de la violation peuvent concerner « *tous les individus, quelle que soit leur nationalité ou même s'ils sont apatrides, par exemple demandeurs d'asile, refugiés, travailleurs migrants et autres personnes qui se trouveraient sur le territoire de l'État partie ou relèveraient de sa compétence* »[158]. Les critères généraux de recevabilité produisent des effets sur les victimes elles-mêmes dans la mesure où la réparation de leurs préjudices dépendra de la recevabilité de leurs requêtes. L'objectif de la requête est donc de recueillir des renseignements suffisants pour permettre au Comité de décider de la recevabilité d'une communication. Une fois reçue, la victime bénéficie à proprement parler des prérogatives de participation.

79. Le droit qui régit l'activité du Comité est imprécis sur les modalités concrètes de participation de la victime des violations du Pacte. Avant le prononcé d'une décision de recevabilité, l'action de la victime se résume en une simple présentation de la requête. Sur le fond, la victime peut participer à la procédure en faisant des « *commentaires* »

---

[156] On devrait normalement retrouver dans la communication des informations permettant d'identifier l'auteur ou les auteurs le cas échéant (le plaignant), la victime présumée si elle n'est pas l'auteur, le nom de l'État Partie concerné et une description détaillée des violations présumées.

[157] Article 96 du Règlement intérieur.

[158] CDESC, Observation générale n°15 sur le droit à l'eau, paragraphe 10.

écrits, qui ne sont autres que des arguments en réplique aux « *observations* » de l'État Partie même sur les questions de recevabilité. La participation peut consister en la production d'éléments d'information supplémentaires au soutien de ses prétentions. Généralement, la participation de la victime prend donc la forme d'une participation écrite par échange des écritures au terme duquel « *toutes les explications ou déclarations soumises par un État Partie (...) sont communiquées, par l'intermédiaire du Secrétaire général, à l'auteur de la communication, qui peut soumettre par écrit tous renseignements ou observations supplémentaires dans un délai fixé par le Comité* » [159] . Cependant, l'effectivité de ces prérogatives procédurales est tributaire de l'intervention d'un représentant judiciaire, c'est-à-dire d'un conseil agréé. Sans le relever expressément, la représentation judiciaire semble obligatoire à cause de la complexité et la technicité de la procédure telle que le Comité est amené à traiter plutôt avec les professionnels.

Paragraphe 2- La participation sous une certaine identité

80. Il résulte de l'interprétation des textes que les victimes collectives n'ont pas de place devant le Comité (A) même si dans la pratique, on peut noter la participation à la procédure des collectifs de victimes (B).

A- L'interdiction formelle de la victime collective

81. Les particuliers qui prétendent eux-mêmes être victimes d'une violation de l'un quelconque des droits énoncés dans

[159] Article 99 (3) du Règlement intérieur.

le PIDCP, peuvent adresser des communications au Comité [160] en tant qu'une victime individuelle (1). S'exprimant ainsi les rédacteurs du Protocole ont absolument rejeté l'idée d'une victime collective (2).

1- L'admission de la victime individuelle

82. Devant la CDH, la jurisprudence relative aux communications individuelles est constante. En effet, les auteurs des communications doivent démontrer qu'ils ont eux-mêmes, effectivement et personnellement été victimes des violations alléguées. Indispensable à la recevabilité des requêtes, la condition du préjudice individuel ou personnel a souvent fait l'objet d'une vérification rigoureuse par les experts du CDH. Plusieurs décisions d'irrecevabilité ont d'ailleurs été adoptées pour relever avec emphase la condition relative à la victime individuelle. Pour l'exprimer, le comité a *nemo varietur* indiqué dans plusieurs affaires que *« l'auteur d'une communication doit lui-même pouvoir prétendre avec preuves à l'appui, être victime d'une violation de ses droits par l'État partie intéressé (...), les auteurs de la communication n'ont pas démontré qu'ils sont eux-mêmes effectivement et personnellement affectés (...). Par conséquent le comité ne peut pas, aux termes du Protocole facultatif examiner leurs plaintes »*[161].

---

[160] Conformément aux articles 1et 2 du Protocole.

[161] CDH, communication n°163/1984, *Coordinamento (groupe d'association de défense des droits des personnes invalides et handcapées en Italie) c. L'Italie* ; Communication n°137/1983, 10 février 1984, *X (ONG) au nom de JF c. Uruguay* ; Communication n°78/1980, 30 sept 1980 au nom de *Mikmaq Tribal society c. Canada* ; Communication n°136/1983, *SGFC c. Uruguay,* 25 juillet 1983.

83. Qu'est-ce donc une victime individuelle en droit international des droits de l'homme ? Il n'est pas aisé d'en donner une définition littérale À notre connaissance, même les instances régionales de protection des droits de l'homme n'ont pas clairement défini la notion de victime en droit international. La méthode très souvent employée par les juges ou même les experts du CDH est la méthode par référence à la notion de préjudice individuel. Se livrer à une tentative de définition de la notion de préjudice individuel révèle toute la difficulté à cerner ses contours en raison de la flexibilité de la notion en droit international. Le préjudice individuel est à la croisée du droit[162] et de la philosophie[163]. En l'absence d'une jurisprudence à cet effet, le préjudice individuel peut renvoyer à une blessure, un dommage, une perte ou un tort. Cette synonymie a le mérite de toucher du doigt l'essence même de la notion de « préjudice » au-delà de son caractère relationnel entre l'auteur et la victime des violations des dispositions du Pacte. Le préjudice individuel est donc une atteinte à l'intégrité physique, psychique ou au patrimoine des personnes. Être victime devant le Comité renvoie incontestablement à une personne qui a subi un tort.

84. La définition de la victime sous le prisme du préjudice individuel met en relief un intérêt ou un droit juridiquement protégé qui a été lésé[164]. La reconnaissance par l'auteur des violations des droits humains en est la conséquence attendue pour la victime et pour l'humanité toute entière[165].

---

[162] Prade (X.), *Le préjudice dans le droit civil de la responsabilité*, LGDJ, 2004, 528p.

[163] Ricœur (P.), « Le concept de responsabilité Essai d'analyse sémantique », *in Le Juste, éd Esprit Coll philosophie,* 1995, p 41 et suivant.

[164] Lamau (P.*), La place de la victime dans le procès pénal,* Mémoire, Paris II, 2010, p. 9.

[165] Cario (R.), « Les droits des victimes dans la procédure pénale française. Entre équité et effectivité », *in Les Cahiers de PV, antenne*

En réalité, la notion de préjudice individuel recouvre l'ensemble des traumas personnellement vécus à la suite des violations du PIDCP. En prenant en compte et d'une manière abstraite les souffrances des victimes, la procédure de communication devient ainsi un remède antalgique au bénéfice des victimes des violations des droits civils et politiques. Lorsqu'on examine la plupart des communications individuelles, on peut constater que les victimes des violations des droits individuels expriment des besoins profonds de justice et de restauration de leur dignité. Il convient de se demander si la « justice » rendue par le Comité est adaptée aux besoins des victimes de violations des droits de l'homme ? La prévention des violations des droits humains ne peut produire effet si les besoins générés par le préjudice sont clairement identifiés et répertoriés.

85. Individualiser pour mieux répondre aux besoins et attentes des victimes est l'intérêt de leur admission à l'instance. La conception individualiste et unifiée de la figure de la victime devant le CDH est certainement la plus dominante. Il s'agit d'individualiser pour mieux aborder les questions de réparation. La montée en puissance de la victime individuelle sur la scène internationale témoigne du nouveau statut de l'individu social, résultat de l'équilibre entre l'individu égoïste et la communauté internationale humaniste. C'est donc dire que le nouveau paradigme de l'individu en droit international des droits de l'homme ne porte plus exclusivement sur l'individu isolé dans un sens formel, mais sur l'individu comme le point d'arrivée du droit. L'amplification du regard quasi-judiciaire sur l'admission de la victime individuelle devant le CDH, fait de cette quasi-juridiction un espace d'expression et de

---

sur la victimologie, 2016, Publication de l'association québécoise, pp. 69-82.

revendication. Être victime devant le Comité, c'est endosser une nouvelle identité lui permettant de se placer au même pied d'égalité que l'État. À travers cette identité la victime peut réintégrer le groupe humain[166] en s'adaptant à une situation pathogène[167] qui n'est autre que la violation de ses droits individuels. Entendue comme tout individu ou groupement subissant un dommage personnel et direct, la victime individuelle existe devant le CDH en raison de la réalisation d'un préjudice qui lui est propre. L'acceptation d'une telle victime dans le système *onusien* de protection des droits humaine semble exclure dans l'absolu l'idée d'une victime collective devant le CDH.

2- Le rejet de la victime collective

86. C'est la réalisation du préjudice collectif qui caractérise la victime collective. Indépendamment du préjudice individuel, le préjudice collectif ne se trouve pas dans les préjudices individuels mais directement dans la violation d'une législation protégeant la collectivité[168]. Même si les *« échanges et les conflits de la société actuelle se font entre masses et non plus seulement entre individu »*[169], le CDH semble n'avoir pas emboité le pas à cette approche des échanges entre masses. Lorsqu'on scrute les règles de

---

[166] Cario (R.), « Les victimes et la médiation pénale en France », *in Justice réparatrice et médiation pénale. Convergence ou divergence* ? Jaccoud (M), L'Harmattan, Sciences Criminelles, éd. 2005.

[167] Voir à ce sujet Lopez (G.), Porteli (S.) et Clément (S.), *Les droits des victimes, victimologie et psycho traumatique,* Dalloz, État de droit, 2003, p. 264.

[168] Defossez (M.), *Les victimes collectives en droit pénal des affaires,* Thèse, Lille II, 1978, p. 50.

[169] Cappelletti (M), « La protection d'intérêts collectifs et de groupe dans le procès civil (Métamorphoses de la procédure civile) », *RIDC,* pp 571-597.

procédure devant le CDH, on peut se rendre compte à l'évidence que les victimes collectives n'ont pas de place devant cette quasi-juridiction. C'est à cause du risque de confiscation des intérêts personnels des victimes individuelles que les rédacteurs du Protocole se rapportant au PIDCP ; ont choisi d'exclure les victimes collectives de la procédure de communication individuelle. L'organisation de la procédure devant le Comité n'autorise pas l'action des groupes de victimes non identifiées et n'ayant pas acceptées d'être représentées à l'instance.

87. Le rejet de la victime collective n'est autre chose que l'exclusion d'une action de groupe, une *actio popularis* au bénéfice des groupements privés. Les associations ou les syndicats, notamment les ONG n'ont pas la légitimité nécessaire pour concurrencer les droits procéduraux des victimes individuelles. Les raisons évoquées *« permettent de justifier une position fermement opposée à la consécration d'une action destinée à soutenir spécifiquement les intérêts collectifs de tel groupe de victime internationale dans l'abstrait »*[170]. Ces raisons ont pour fondement la nature individuelle des droits consacrés par le PIDCP. Si par hypothèse on admet une action de groupe devant le Comité, la justice que cet organe va rendre risque alors d'être submergée de requêtes émanant de victimes innommées. Plus grave encore, les groupements de droit privé qui agiraient pour le compte des victimes individuelles des droits civils et politiques, sans leur consentement préalable, risqueraient une nouvelle fois de confisquer leurs droits. C'est pour toutes ces raisons que les actions collectives n'ont aucun fondement dans le système de protection du CDH. Toutefois, il y a des droits collectifs

---

170 Lemasson (A.-T.), *La victime devant la justice pénale internationale*, Thèse, Limoges, 2010, p. 488.

que les particuliers peuvent individuellement exercer[171] en dehors de toute procédure contentieuse.

88. Les actions de groupe constituent une menace à l'exercice des droits individuels. La mise en œuvre de telles actions risque de porter atteinte au principe de participation individuelle [172] des victimes devant le Comité. Si on les admet, les victimes pourraient être dans l'impossibilité de fournir aux experts du Comité des informations détaillées et spécifiques sur les préjudices qu'elles ont subis. Le choix de la procédure individualisée par les rédacteurs du règlement intérieur du Comité est la preuve de l'efficacité du système quasi-judiciaire de protection des droits de l'homme mis en place par le Pacte. Il n'est cependant pas question d'exclure du droit processuel *onusien* la problématique des demandes collectives. En principe, les « *groupes de victimes* » [173] *ad hoc* dépourvus de personnalité juridique, peuvent néanmoins se constituer devant les experts du Comité et participer à la procédure pour les besoins d'efficacité. .

89. Le regroupement *ad hoc* des victimes en cours d'instance est un gage de la célérité de la procédure devant le CDH. C'est la raison pour laquelle il est autorisé aux victimes de se regrouper autour d'un représentant judiciaire, lequel servira d'intermédiaire ou d'interface entre elles et les experts du Comité. Cette approche procédurale favorise la mise en place d'un système de collectivisation des actions individuelles dans un modèle purement bureaucratique. Ainsi, une décision adoptée par

---

[171] Par exemple le droit à la paix, à l'autodétermination *etc.*

[172] Massida (P.), « Les demandes collectives de participation des victimes devant la cour pénale internationale » *Bull, GTDV,* printemps 2012, n°20, p. 10.

[173] Mbara A Betsem (G.D.), *La victime devant les juridictions pénales internationales*, Thèse, Yaoundé II, 2018, p. 203.

le CDH sera effective pour toutes les victimes qui ont été représentées[174] dans le cadre d'une action en représentation conjointe [175] ou d'une action d'attribution de qualité pour la défense d'intérêts des tiers [176]. Cette technique peu ouverte à un nombre très élevé de victimes[177]permet aux experts du Comité d'agréger les plaintes de plusieurs victimes individuelles.

90. Garantie par la technique de la représentation conjointe, l'efficacité de la procédure de constatation des violations du PIDCP est plus qu'un principe de droit. Elle est désormais un objectif d'économie du droit, un paradigme de la procédure, une valeur ; voire un nouveau modèle de justice [178] en matière de protection quasi-judiciaire des droits de l'homme. Cet aspect économique de l'activité du CDH qui découle du *Law and Economics* de Posner[179], est la preuve d'une justice efficiente[180]. Cette justice est fondée sur les résultats ; notamment la prééminence de l'individu

---

[174] Morin (A.), « Pour l'instauration en France d'une procédure d'action de groupe-Typologie des litiges de consommation et réponses judiciaires », *RT du ressort de la Cour d'Appel de Versailles*, n°9, juin 1989.
[175] Foucher (P.), « L'action de groupe : vers une consécration ? », *INC Hebdo,* n°1348 du 20-26 juin 2005, pp. 1-8.
[176] Guinchard (S.), *Droit et pratique de la procédure civile*, Dalloz, Paris, 2006, p. 13.
[177] Mainguy (D.), « L'introduction en droit français des class actions », *in actualités de droit de la consommation*, 2005, p. 18.
[178] Garapon (A.), « Un nouveau modèle de justice : efficacité, acteur stratégique, sécurité », *Esprit*, 2008/11 novembre, p. 98.
[179] Posner (R.A.), *Economic Analysis of Law*, 4ème éd. , 1992, Brown, p. 24.
[180] Barrière (C.), « Logique judiciaire et logique de l'efficience », communication aux XXème journées de l'association d'économie sociale, Toulouse, septembre 2000, *in Efficacité versus équité en économie sociale*, L'Harmattan, 2000, T1, pp. 103-105.

dans le traitement des communications individuelles conformément au sacro-saint principe de célérité.

B- L'admission prétorienne du collectif de victimes

91. Si « *rien ne s'oppose à ce qu'un groupe de personnes s'estimant victimes d'un même préjudice présentent ensemble une communication alléguant d'une atteinte à leurs droits »*[181], c'est justement parce que les rédacteurs du règlement intérieur du CDH veulent garantir aussi bien l'effectivité des droits processuels de nombreuses victimes (1) que l'efficacité de la procédure de présentation des requêtes (2).

1- L'effectivité des droits processuels des victimes regroupées

92. Le Comité est confronté au problème du traitement des demandes pléthoriques des victimes des violations des droits civils et politiques. C'est ainsi qu'il va ainsi appréhender ces demandes en adoptant une approche collective tout en préservant les intérêts individuels des victimes. À titre de rappel, celles-ci peuvent participer à la procédure en se regroupant autour d'un conseil de leur choix, une association de victimes ou d'une ONG[182] . Cette démarche procédurale apparaît alors comme le gage de l'effectivité des droits procéduraux des victimes. Elle n'a cependant pas été consacrée par les textes fondateurs du CDH. Néanmoins, la jurisprudence de cet organe ne

---

[181] CDH, affaire *Ominayak, chef de la bande du lac lubicon c. Canada*, Communication n°167/84, paragraphe 32.1

[182] CDH, affaire *X c. Serbie*, Communication n°1355/2005, paragraphe 6.4

« *s'oppose [pas] à ce qu'un groupe de personnes s'estimant victimes d'un même préjudice présentent ensemble une communication alléguant une atteinte à leurs droits* »[183]. Cela pourrait être possible si ces victimes agissent à travers un représentant qu'elles ont délibérément choisi. Il ne s'agira nullement de porter la défense d'un intérêt collectif au sens d'une action populaire. Mais seulement il conviendra de considérer que la requête qui saisit le Comité a été introduite par un groupement de personnes qui charge leur chef naturel de représenter leurs intérêts dans le cadre d'une action internationale en représentation conjointe.

93. L'action en représentation conjointe dont on plaide la consécration en droit international des droits de l'homme, sera destinée à la défense d'un principe essentiel de politique juridique notamment, le droit pour chaque victime d'obtenir réparation effective et intégrale. La représentation conjointe suppose donc le consentement des victimes à être représentées à l'instance sur le fondement d'un mandat spécial. Cette procuration n'occulte en rien l'appréciation des critères de recevabilité des communications à l'aune de la qualité de victime. De ce point de vue, l'on ne saurait alors représenter les victimes non identifiées devant le CDH comme s'il s'agissait d'une *class action* américaine[184]. Il convient de relever que la représentation coordonnée n'est pas une obligation mais plutôt un droit pour les victimes qui sont libres de choisir leur représentant.

94. Ce sont en réalité les ONG, les avocats et les associations de victimes qui concourent à l'effectivité du

---

[183] CDH, affaire *Ominayak, op.cit.*

[184] Masson (A.), « Les stratégies de réduction du risque de class action dans un cadre international », *Revue Lamy de la concurrence*, n°28, juillet-septembre 2011, pp. 171-174.

droit à la représentation sous forme de mandat spécial écrit. Toutefois, les services d'un avocat ne sont pas nécessaires pour soumettre une communication au CDH. « *Dans la mesure du possible, il est préférable que la victime dispose d'une assistance juridique pour rédiger et présenter sa requête. En effet, l''intervention d'un avocat dans le processus de rédaction de la demande devrait permettre de présenter une communication de meilleur qualité et ainsi augmenter les chances du requérant d'obtenir gain de cause* »[185].

95. Regroupées autour d'un représentant, les victimes devant le CDH peuvent faire face à des conflits d'intérêts dans l'exercice de leurs droits. Loin d'être une question théorique, la forme et le contenu des réparations peuvent par exemple être sources de conflits. C'est parce que chaque victime est unique à son genre qu'il est important d'éviter les éventuels conflits d'intérêt. Le Comité doit donc prendre toutes les précautions raisonnables pour que les intérêts des victimes soient représentés à toutes les étapes de la procédure. En tout cas, il s'agit d'une question de fait laissée à l'appréciation des experts. Une autre forme de conflit dit actuel[186] peut aussi naître de la divergence d'intérêts entre le représentant et les victimes représentées. La solution envisageable dans cette hypothèse est le respect des obligations déontologiques issues du code de conduite professionnelle des avocats. En tout état de cause, la représentation conjointe obéit à la logique sélective des procédures de communications individuelles.

---

[185] Guide sur les mécanismes de communications individuelles des organes de traités des Nations Unies ; Quels recours pour les victimes de la torture, Collection des Guides juridiques de l'OMCT, vol 4, 2ème éd., p. 81.

[186] Houédjinssin (A.), *Les victimes devant les juridictions pénales internationales*, Thèse, Grenoble, 2011, p. 190.

2- L'efficacité de la procédure de présentation des requêtes

96. L'efficacité permanemment recherchée est une « *garantie effective des droits de l'homme et donne tout son sens au droit d'action individuel* »[187]. Sans revenir sur les analyses antérieures consacrées au principe d'efficacité, il convient de marteler que l'efficacité procédurale est une question de management judiciaire. À ce sujet, le système *onusien* de protection des droits de l'homme n'est plus un cadre formel assurant la prééminence des droits de l'individu, mais un cadre productif de résultats.

97. Sur la base des résultats, il faut considérer la justice comme un bien de consommation. C'est pourquoi aujourd'hui, le CDH doit prendre les dispositions pour réduire les lenteurs dans le traitement de nombreuses communications des victimes. Sans remettre en cause la place du Comité dans le système universel de protection des droits de l'homme, on peut néanmoins s'interroger sur la capacité de cette instance à faire face au flux des communications qui lui sont soumises au quotidien. La maximisation des résultats sous les contraintes de temps permet de suggérer une solution. En effet, la preuve de l'efficacité[188] du CDH résulte de la recherche du lien entre le formalisme de la procédure des communications individuelles et les délais de résolution du litige.

98. Faute d'avoir les instruments d'évaluation, les résultats entendus comme les effets des constatations, peuvent être

---

[187] Sudre (F.), *Droit européen et international des droits de l'homme*, PUF , 10ème éd., Paris, p.703.

[188] Brook (J.), « Inevitable Errors : The value of truth and the optimal standard of proof in legal disputes » *Journal of Law, Economics and organization*, 1994, pp.343-359.

considérés comme des thermomètres de l'efficacité procédurale. En tout cas, l'organisation et le fonctionnement du CDH sont les déterminants de l'analyse économique de la procédure d'examen des communications individuelles. Cette analyse passe d'abord par la recherche du bien-fondé de cette juridiction dans le droit du contentieux international et ensuite, par l'évaluation de la qualité des décisions de cet organe. Pour ce faire, on peut par exemple partir de la preuve des violations des droits civils et politiques pour évaluer l'efficacité et la célérité de la procédure devant le Comité, à travers les règles qui encadrent l'administration de la preuve.

99. La célérité ici n'est autre chose que la durée de l'examen d'une communication. La justice en matière de droits civils et politiques serait inéquitable et peu crédible, si les constatations sont adoptées par le Comité au terme d'une procédure longue. Toutefois, la durée du « *procès* » devant le Comité est fonction de l'équilibre entre le temps de la procédure et le temps des parties. Cet équilibre n'est toujours pas parfait à cause certainement du recours à la procédure accusatoire.

* *

*

100. L'obligation de restaurer la légalité résultant du Pacte et le droit de l'individu d'ester en justice, sont à la vérité, des obligations secondaires et essentielles à la mise en œuvre de la responsabilité étatique devant le CDH. Cette responsabilité a pour fondement le non-respect de la légalité ou la violation des droits civils et politiques.

Chapitre 2 – L'indication des réparations du préjudice souffert

101. Après avoir constaté les violations du Pacte, le Comité rappelle très souvent dans ses « *décisions* » que l'État défendeur « *est tenu* » de réparer. Tels sont les mots qui témoignent de la problématique du rétablissement de la victime requérante. Sous le vocable générique de la réparation, le rétablissement consiste en la restauration de la dignité humaine de la victime des violations du PIDCP. C'est le fait de remettre en état, de verser une indemnité compensatrice ou de *« dédommager un particulier du préjudice qui lui a été causé par autrui »*[189]. Quelle que soit la compréhension qu'on peut avoir, la réparation pose la question du rétablissement de la situation de la victime telle qu'elle existait avant le fait dommageable, ou le rétablissement de sa situation qui aurait existé si le fait n'était pas survenu[190]. Ainsi compris, le droit à réparation existe bel et bien devant le CDH qui l'a souvent martelé à l'attention des États[191].

---

[189] Gaudemet (E.), *Théorie générale des obligations*, Sirey, Paris, 1937, p. 299.

[190] CPJI, *Usine de Chorzow* (*Allemagne c. Pologne*), arrêt du 13 septembre 1928 (compétence), Série A, n°13, p. 47.

[191] CDH, Communication n°972/2001, *George Kazantsis c. Chypre*, opinions du 07 août 2003, paragraphe 6.6 ; Communication n°1036/2001, *Bernadette Faure c. Australie,* opinions du 31 octobre 2005, paragraphe 7.2.

102. L'allusion au rétablissement de la victime est contenue dans l'usage de l'expression « *recours utile* »[192], à travers laquelle le Comité recommande à l'État Partie certaines formes de réparation. Clairement exprimée dans le cadre des droits individuels[193], la réparation envisagée devant le CDH implique de manière générale une obligation à la charge de l'État. Elle peut prendre la forme d'une « *restitution, réhabilitation, mesures pouvant donner satisfaction (excuses publiques, témoignages officiels), garanties de non répétition et modification des lois et pratiques en cause aussi bien que la traduction en justice des auteurs des violations des droits de l'homme* »[194]. Ces mécanismes ainsi énumérés ne sont pas déterminés par les experts du Comité. Tout se passe comme si le choix d'une forme de réparation est laissé à l'appréciation des membres du CDH. C'est pourquoi il convient de s'interroger sur cette faculté qu'ont les experts de choisir librement le mode de réparation appropriée dans une affaire. On se serait attendu à une liberté de choix reconnue aux victimes dans la mesure où la réparation a un impact direct sur les victimes elles-mêmes. Quoi qu'il en soit, le principe de la réparation intégrale domine le système de réparation du CDH.

103. Sous une apparente simplicité, la réparation cache mal sa dimension protéiforme et les raisons de son existence en droit international des droits de l'homme. Dans le contexte de violations des droits civils et politiques, la réparation a pris une signification bien précise. Elle se présente non plus comme un droit subjectif, mais comme une obligation internationale consacrée par le Pacte. Cette convention

---

[192] Conformément à l'article 2 paragraphe 3(a) du PIDCP.
[193] Conformément à l'article 9 paragraphe 5 et l'article 14 paragraphe 6 du PIDCP.
[194] CDH, Observation générale n°31 : la nature de l'obligation juridique générale imposée aux États Parties au PIDCP, 26 mai 2004, paragraphe 16.

internationale qui devient ainsi une norme obligationnelle [195] n'a pas clairement prévu une nomenclature de mode de réparation. L'analyse de la jurisprudence permet de distinguer les modes de réparation immatérielle que le CDH met souvent en évidence (Section 1) en vue de renforcer les modes de réparation matérielle qu'il désigne dans ses constatations (Section 2).

Section 1- La mise en évidence des réparations immatérielles

104. L'exploitation des observations générales du Comité[196], révèle que cet organe donne fréquemment une tribune particulière à certains modes de réparation dites obligatoires parce que l'État « *est tenu* »[197] de les adopter. Il s'agit pour la plupart des mesures de réparation rétrospectives (Paragraphe 1) et les mesures de réparation prospectives (Paragraphe 2).

Paragraphe 1- Les mesures de réparation rétrospectives

105. La réparation rétrospective s'entend de l'ensemble des mesures qui agissent sur le préjudice déjà réalisé. Elle prend

---

[195] C'est-à-dire un engagement contractuel ou conventionnel générateur d'obligations à l'égard des parties ; Sur la notion de contenu obligationnel, voir Ancel (P.), « Force obligatoire et contenu obligationnel du contrat », *RTD Civ,* 1999, 25 p.

[196] CDH, Observation générale n°31, *op cit.*

[197] Cette expression qui ressort des énonciations des « décisions » du Comité traduit en réalité le caractère obligatoire de certaines formes de réparation, qui résulte de l'engagement des États parties au PIDCP à fournir un recours utile aux personnes victimes des violations de leurs droits.

en compte la satisfaction judiciaire parce que l'État sera amené à ouvrir un procès (A) ou non pour la simple raison que le Comité va attirer l'attention de cet État sur la nécessité d'accorder certains services aux victimes (B).

A- Le recours utile ou satisfaction judiciaire

106. Le Comité attache du prix à la mise en place des mesures de satisfaction qui permettent aux victimes de rechercher les responsables présumés des violations de leurs droits (1) et les faire juger (2).

1- La recherche des responsables présumés des violations

107. Les États Parties au PIDCP sont tenus d'aménager l'exercice du droit pour les victimes de déposer une plainte devant les autorités nationales compétentes. Ces dernières doivent en principe ouvrir une enquête. Le mécanisme de la plainte devant les autorités nationales ne transparait pas clairement des dispositions du Pacte. Mais lorsqu'on scrute l'ensemble des droits et libertés consacrés par cet instrument, le droit de déposer plainte y est prévu sous le vocable de « *recours utile* ». En effet et à la lecture des articles 2(3) et 14 du ¨PIDCP, les États Parties s'engagent à garantir un recours utile, notamment le droit de porter plainte, à toute personne dont les droits et libertés auront été violés.

108. L'État défendeur peut être tenu d'adopter des lois et des mesures administratives en vue de mettre en place un cadre institutionnel qui permet et favorise l'accès des victimes au juge. Il doit pour cela désigner les autorités compétentes pour les recevoir en cas de violation des droits civils et politiques[198]. Pour faciliter la réalisation de ce droit, les États ont l'obligation de garantir un accès effectif aux autorités chargées de recevoir les plaintes. Il ne doit pas y avoir de retard dans les procédures de dépôt ou d'examen des plaintes. Les allégations de violation des droits humains doivent être examinées dans les délais raisonnables, voire dans l'immédiat. L'obligation étatique d'instituer le mécanisme de plainte est une obligation de faire qui consiste à mettre sur pied des procédures contentieuses ou des « *procédures de non-respect* » c'est-à-dire, des procédures instituées « *dans la mise en œuvre des obligations internationales souscrites par les États* »[199]. En donnant effet aux constatations du Comité, les États contre qui les violations ont été établies doivent assurer une protection active des droits humains. En le faisant conformément aux recommandations des experts, ils pourront ainsi « *franchir l'abîme qui existe souvent entre préceptes et la pratique* »[200].

109. La prescription par le Comité, de l'ouverture d'une enquête avec ou sans plainte préalable, permet la découverte et la manifestation de la vérité sur la réalité des violations du Pacte. Cette obligation s'apprécie dès la constatation des faits allégués devant le Comité. L'enquête est l'activité qui consiste en la constatation des violations et le rassemblement des preuves dans le but d'établir la responsabilité du ou des auteurs des faits. Elle est un moyen

[198] Les juges, les organes de contrôle de la police et les institutions nationales relatives aux droits de l'homme.

[199] Henry (S.), « Le pouvoir de sanction des mécanismes internationaux de règlement des différends dans le domaine de l'environnement », *RJE*, 2014, vol 39, pp. 211-227.

[200] Oumba (P.), *Les mécanismes de contrôle et de garantie des droits de l'homme*, Mémoire master DIDH, *UCAC*, 2016, p. 1.

efficace et rationnel pour transformer les soupçons à charge en une certitude suffisante[201].

110. Cette procédure remplit ainsi les fonctions d'investigation, de poursuite et de sélection[202] destinées *« non seulement à constater les infractions [ou violations des droits humains] au fur et à mesure que leur existence est révélée, mais à s'enquérir des infractions qui ont pu être commises, à les saisir en saisissant les traces de leur perpétration »*[203]. L'État ne peut suspendre ou modifier la mise en œuvre de l'obligation d'enquêter en invoquant les dispositions de son droit interne. C'est pour cette raison que cette obligation revêt un caractère absolu, et « *exige un système cohérent de mesures susceptibles de garantir une réponse appropriée à des allégations crédibles d'actes de torture et d'autres formes de mauvais traitements. Elle impose aux Etats la mise sur pied des mécanismes et de procédures qui permettent d'ouvrir des enquêtes et de faire en sorte que les auteurs de mauvais traitements soient dûment sanctionnés* »[204].

111. Cependant, l'obligation d'enquêter peut être atténuée si les allégations de violation de droits humains sont « *manifestement infondées* »[205]. C'est dire qu'une enquête

---

[201] Merle (R.) et Vitu (A.), *Traité de droit criminel*, vol 2, Procédure pénale, Paris, 2ème éd. , Cujas, 1973, p. 132.

[202] Pradel (J.), *Procédure pénale comparée dans les systèmes modernes : rapports de synthèse des colloques de l'ISISC,* Toulouse, Erès, 1998, p. 9.

[203] Le Poittevin (G.), *Code d'instruction criminelle annoté,* Tome 1, Paris, éd Léon Tenin, 1991, p. 194.

[204] Svanidze (E.), *Enquêtes effectives sur les mauvais traitements. Lignes directrices fondées sur les normes européennes,* 2ème éd., Conseil de l'Europe, p. 9.

[205] CAT, *Henri Parot c. Espagne*, Comm n°6/1990, paragraphe 10.4 ; CIADH, affaires *Maritza Urrutia* c. *Guatemala*, fond, réparations et dépens, 27 novembre 2003, Série C, n°103, paragraphe 110 ; *Velasquez*

doit absolument s'ouvrir dès lors qu'il y a des raisons de croire à des allégations plausibles de violations des droits civils et politiques. Les constatations prescrivant l'ouverture d'une enquête ou non, doivent être prises en toute indépendance par les autorités nationales compétentes. De telles décisions devront être soumises à un examen sérieux avec la possibilité de les remettre en cause au moyen d'une procédure judiciaire équitable.

112. Certains principes directeurs régissent l'ouverture d'une enquête. Le Comité peut même exercer un contrôle et établir la responsabilité d'un État en cas de défaillance. En effet, les enquêtes sur les allégations de violations des dispositions du Pacte doivent être indépendantes, impartiales, promptes, approfondies, efficaces, crédibles et transparentes [206]. Les détails pertinents de l'enquête devraient être divulgués par l'État à la victime ou à ses proches en cas de disparition. C'est parce que les victimes ont besoin de la vérité historique, c'est-à-dire la vérité des faits, que les résultats de l'enquête devraient être divulgués dans les cas de disparitions forcées par exemple.

2- Le jugement et la sanction des présumés responsables

113. Dans la majorité des constatations , le Comité a très souvent recommandé aux États convaincus des violations des droits civils et politiques, de juger et sanctionner les personnes responsables desdites violations. Le droit pénal

---

Rodriguez c. Honduras, paragraphe 176 ; *El Amparao*, paragraphe 61 ; *Suarez Rosero c. Equateur,* 12 novembre 1997, Série C, n°35, paragraphe 79.

[206] CDH, Observation générale n°36 sur l'article 6 du PIDCP, paragraphe 32.

peut en constituer un moyen à cet effet. D'ailleurs, cette branche du droit occupe une place importante dans le processus de restauration des victimes des violations graves des droits de l'homme. En effet, le jugement et la sanction renvoient aux effets cathartiques de la procédure pénale interne. Contribuant à restaurer « *l'identité blessée* »[207] des victimes, le procès pénal contribue à satisfaire moralement les victimes au moyen de la sanction. La punition qui est l'objectif recherché, est une sanction majorée par la subjectivité de celui qui la prononce. Elle est souvent une réaction émotionnelle à un comportement transgressif dont la vocation est d'accentuer la culpabilité[208]. Il appartient donc aux États Parties au Pacte de punir systématiquement les violations des droits civils et politiques en même temps qu'ils lutteront contre l'impunité.

114. Réfléchir sur la notion de punition, conduit nécessairement à s'interroger sur le rapport qui existe entre la peine, l'auteur des violations et la victime. La mission essentiellement punitive de la justice pénale est théoriquement justifiée par les fonctions de rétribution et d'utilité de la peine. La fonction utilitariste insiste sur le bien-être de l'individu[209] indépendamment de son statut d'accusé ou de victime. L'obligation de juger et de sanctionner les auteurs des faits constitutifs de violations

---

[207] Donnard (G.), « Comment les victimes vivent-elles les procédures ? Est-ce que le procès pénal contribue à restaurer leur identité blessée ? », *Entretien d'Aguesseau, La justice pénale internationale, Actes du colloque organisé à Limoges, 22-23 novembre 2011, PULAM*, Textes réunis par Simone Gaboriau et Hélène Pauliat, Avant-propos de Michel Massé, Postface de Claude Jorda, pp. 221-227.

[208] Prairat (E.), *La sanction en éducation*, Puf, « Que sais-je ? », 2003, p. 1.

[209] Audard (C.), *L'Anthologie historique et critique de l'utilitarisme,* Paris, Puf, 1999, p. 27.

des droits humains, dénote du nouveau paradigme de la justice pénale qui prend en compte les intérêts des victimes.

115. Désormais, il faudra considérer la victime des violations des dispositions du Pacte comme la figure sous-jacente de la recomposition du droit de punir[210]. La sanction réparatrice que devrait infliger l'État aboutit ainsi à la double satisfaction de la restauration de la victime et de la réparation des préjudices. L'effet cathartique de la peine est perceptible dès l'orée du procès et prend la forme d'une réparation dès son prononcé à l'issue d'une procédure équitable. *« Pouvoir apprivoiser précisément les dispositifs juridiques disponibles et s'impliquer activement dans le procès peut conduire la victime, qui le souhaite, à une forme de réparation que l'on pourrait qualifier de processuelle »*[211]. Même si on peut s'interroger sur la capacité du procès pénal à satisfaire psychologiquement les victimes, il n'en demeure pas moins que le droit de punir contribue à leur rétablissement moral. La prise en compte de la satisfaction punitive par les théories de la réparation fait penser à une dimension symbolique du procès pénal.

116. L'enjeu de l'obligation étatique de juger et de sanctionner, n'est plus la protection de l'ordre public ou la condamnation de l'auteur des violations du Pacte. Cet enjeu réside plutôt sur la satisfaction morale des victimes dont la réalisation passe par le prononcé d'une peine.

---

[210] Salas (D.*), Victimes de guerre en quête de justice : faire entendre leurs voix et les pérenniser dans l'Histoire, France,* ENM, L'Harmattan, Novembre 2004, p. 108.

[211] Cario (R.), Discours prononcé à l'occasion des XIVème assises de l'INAVEM, juin 2009.

B- La réadaptation matérielle

117. Réservée aux victimes vulnérables[212], la réadaptation matérielle comme forme de réparation[213] renvoie dans la jurisprudence du Comité, à l'accès à certains services (1) et à leur prise en charge (2).

1- L'accès des victimes à des services sanitaires, juridiques et sociaux

118. Proche de la notion d'assistance, la réadaptation au moyen de la fourniture des services, constitue une composante essentielles des mécanismes de réparation immatérielle encore insaisissable en droit international. Il ressort de l'exploitation des traités des Nations Unies[214],

---

[212] Il s'agit des victimes de torture, d'exécutions arbitraires ou illégales ainsi que leurs familles, de violences sexuelles y compris les violences familiales, de prostitution forcée des enfants et femmes victimes de trafic sexuel, des enfants exploités à des fins pornographiques et des enfants de la rue. Voir CDH, Observations finales sur l'Allemagne, Doc, ONU CCPR/CO/80/DEU, 4 mai 2004, para 15, 16 ; Observations finales sur l'Ukraine, Doc. ONU CCPR/UKR/CO/6, 28 novembre 2006, para 10 ; Observations finales sur l'Irlande, Doc. ONU CCPR/C/IRL/CO/3, 30 juillet 2008, para 9 et 16 ; Observations finales sur le Japon, Doc. ONU CCPR/C/JPN/CO/5, 18 décembre 2008, para 15 et 23 ; Observations finales sur la Lituanie, Doc. ONU CCPR/C/79/Add.87, 19 novembre 1997, paragraphe 11.

[213] Le PIDCP mentionne le terme réadaptation aux articles 10 et 14 pour indiquer que le système pénitentiaire est de promouvoir la réadaptation sociale des prisonniers, mais n'y fait pas référence comme une mesure de réparation si ce n'est dans un contexte de recours utile.

[214] Notamment la Déclaration Universelle des droits de l'homme, la Convention des Nations Unies contre la torture et autres peines ou traitements cruels, inhumains ou dégradants, la Convention relative aux droits des personnes handicapées, la Déclaration des principes fondamentaux de justice relatifs aux victimes de la criminalité et aux victimes d'abus de pouvoir, les principes fondamentaux et directives

des traités régionaux des droits de l'homme[215] et de la jurisprudence internationale en matière de droits de l'homme[216], que la réadaptation réparatrice renvoie à des services spécialisés que les États Parties au Pacte sont tenus d'offrir aux victimes. Cette forme de réparation passe par la reconstruction d'un projet de vie ou l'atténuation autant que possible du préjudice subi. L'État convaincu des transgressions du Pacte est tenu de mettre à la disposition des victimes, des programmes de réadaptation globale et spécifique à long terme. On peut présenter ces programmes sous le prisme de « *la trilogie des services spécialisés* » par référence au service médical, service juridique et service psycho-social.

119. La forme de ces services n'a pas été déterminée par la jurisprudence ou même les textes fondateurs du CDH. Toutefois, les services de réadaptation doivent être contenus dans des programmes complets[217], et leur accès

---

concernant le droit à un recours et à réparation des victimes de violations flagrantes du droit international relatif aux droits de l'homme et de violations graves du droit international humanitaire.

[215] La Convention européenne de sauvegarde des droits de l'homme et des libertés fondamentales, la Convention américaine des droits de l'homme et la Charte africaine des droits de l'homme et des peuples

[216] CDH, Observation générale n°31, « La nature de l'obligation juridique générale imposée aux États parties au Pacte, 26 mai 2004, disponible en ligne sur : http://www.unhchr.ch/tbs/doc/nsf/(Symbol)/CCPR.C.21.Rev.1.Add.13.Fr?Opendocument. *George kazantsis c. Chypre,* Communication n°972/2001, Constatations du 7 août 2003, paragraphe 6.6, *Bernadette Faure c. Australie,* Communication n°1036/2001, Constatations du 31 octobre 2005, paragraphe 7.2. Comité contre la torture, *Saadia Ali c. Tunisie*, Communication n°291/2006, 21 novembre 2008, paragraphe 15.8. CEDH, *Aksoy c. Turquie*, Arrêt du 26 novembre 1996 sur le fond, paragraphe 10-22. CIADH, *Velàzquez Rodriguez c. Honduras*, Arrêt du 21 juillet 1989 sur les réparations et les frais, paragraphe 50.

[217] Le programme complet a pour but de faire en sorte que chaque victime reçoive effectivement les prestations qui y sont contenues. Il

incombe aux commissions de vérité chargées de formuler des recommandations. Très souvent mis sur pied en l'absence d'institutions étatiques ou en cas de rareté des ressources financières, les programmes de réadaptation impliquent l'existence de plusieurs victimes potentielles.

120. L'interprétation de la mesure de réadaptation médicale englobe *« l'ensemble des soins médicaux visant à développer les aptitudes fonctionnelles et psychologiques de l'intéressé [victime] et, en cas de besoin, ses mécanismes compensatoires de manière à lui permettre de mener une existence autonome et active »*[218]. En indiquant par exemple dans l'affaire Désiré Engo que *« l'État partie est tenu de fournir à l'auteur un recours utile, résultant dans sa libération immédiate et l'apport de soins ophtalmologiques appropriés »*[219], le Comité garantit ainsi l'accompagnement médical des victimes des violations du Pacte. Dans cette cause en effet, le susnommé était directeur général de la Caisse Nationale de Prévoyance Sociale du Cameroun jusqu'au 3 septembre 1999, date à laquelle il fût dans une première procédure, arrêté et détenu à la prison centrale de Yaoundé pour les faits de tentative de détournement de deniers publics, suppression de preuve et faux et usage de faux en écritures publiques et authentiques. Dans une communication datée du 30 mars 2005, celui-ci déplorait entre autre la violation par le Cameroun de son droit à la liberté et à la sécurité des personnes, pour avoir été arrêté sans mandat et détenu arbitrairement dans de mauvaises

---

s'entend de la capacité d'un programme à couvrir chaque victime, c'est-à-dire à en faire un bénéficiaire.

[218] Comité OMS d'experts de la réadaptation médicale, Deuxième rapport, Série de rapports techniques 419, Genève, 1969, p. 6.

[219] CDH, Constatation au titre du paragraphe 4 de l'article 5 du Protocole facultatif se rapportant au Pacte international relatif aux droits civils et politiques, *affaire Pierre Désiré Engo c. Cameroun,* Communication n°1397/2005, 30 mars 2005, paragraphe 9.

conditions en violation des articles 9 et 10 du PIDCP. À cet égard, son état de santé s'est détérioré au point de développer un glaucome. Malgré le besoin de soins médicaux, il a été empêché de rencontrer un médecin. La réhabilitation par les services juridiques consiste en revanche à faciliter en faveur des victimes, leur accès individuel ou collectif à des recours ou à une aide judiciaire. L'État défendeur peut à cet effet accorder une aide financière aux victimes pour se pourvoir en justice. Cette ressource financière facilite la participation des victimes aussi bien individuelles que regroupées. L'octroi d'une aide financière tiendra compte non seulement de la complexité de l'affaire, mais aussi de l'indigence de la victime.

121. Le service psycho-social cependant apparait comme un complément des services sus évoqués. Offrir ce service aux victimes est une façon très efficace d'améliorer leur qualité de vie. Ce service consiste par exemple en la mise à la disposition en faveur des victimes, des services propres pour leur permettre d'obtenir et de conserver un emploi convenable. Dans le silence de la jurisprudence du Comité, on peut envisager une offre collective ou individuelle des services sus analysés, voire les deux à la fois. Cela revient à dire qu'une victime peut, le cas échéant, être personnellement réhabilitée en tant que membre d'une collectivité. Aussi, l'État peut cumulativement fournir ces prestations aux victimes. C'est d'ailleurs cette approche holistique que le Comité semble avoir privilégié lorsqu'il relève dans ses observations finales « *qu'il est préoccupé par, le manque de soutien global en faveur des victimes, y compris des services d'interprétation, des soins médicaux, des conseils, un appui juridique* »[220].

[220] CDH, Observations finales sur le Japon, *op cit.*

2- La prise en charge des victimes

122. Le fait n'est pas d'accéder à des services de réadaptation, encore faut-il que le bénéficiaire de la réparation puisse accéder à des soins à la charge de l'État. Ainsi se pose la problématique de la prise en charge des victimes de violation des droits civils et politiques. On la considère comme une suite logique aux développements consacrés aux services de réadaptation. C'est un truisme de rappeler que la prise en charge des préjudices participe du rétablissement des victimes devant le Comité. La prise en charge « *est le sauvetage d'une personne désorientée, en perdition et incapable de réagir au mal qui la frappe* »[221]. Transposée en droits de l'homme, cette forme de réparation désigne l'ensemble des mesures destinées à sortir les victimes du traumatisme, de la passivité, de l'isolement dans lequel les violations les ont confinées. Tel est l'enjeu du mécanisme de réadaptation par la prise en charge des victimes.

123. C'est parce que la victime « *est non seulement atteinte dans sa perception de soi, des autres et dans sa conception de la justice, mais aussi dans son identité sociale* »[222], qu'il faut orienter la prise en charge vers sa reconstruction personnelle et la restructuration de sa société. Lorsque le Comité recommande à l'État défendeur la réhabilitation psychologique d'une victime des droits civils et politiques, il met en évidence les souffrances de cette dernière dans l'examen au fond de sa plainte. Dans ces conditions, il

---

[221] Karsz (S.), *Pourquoi le travail social ? Définition, figures cliniques*, cité par Lemasson (A.-T.)), *La victime devant la justice pénale internationale,* Thèse, *op. cit.*, p. 486.
[222] Rauschenbach (M.) et Scalia (D.), « Victimes et justice internationale pénale : perplexité ? », *RICR*, vol 90, n°870, pp. 441-459.

revient à l'État de prendre non seulement en compte[223] les préjudices de la victime mais davantage de prendre en charge ses souffrances. Une telle démarche semble privilégier la prise en charge des victimes au moyen d'une « *thérapie, une clinique, une psychanalytique comportementale en vue de soulager aussi bien leurs blessures physiques ou psychologiques* »[224]. L'objectif ici étant de mettre définitivement, sinon durablement ces victimes à l'abri d'une nouvelle victimisation secondaire.

124. L'aspect médical de la prise en charge fait obligation à l'État, de rétablir la santé de la victime après un traumatisme provoqué à la suite d'une atteinte grave à son intégrité physique ou mentale. Préventifs ou palliatifs, les soins de santé peuvent être définis comme des actes médicaux ou paramédicaux, accomplis pour assurer le rétablissement et la consolidation de l'état de la victime. À cet effet, le CDH a reconnu le « *providing medical care and treatment* »[225] comme un des moyens de réparation des violations du Pacte. Pour cela, le traitement médical « *peut être réalisé par différents spécialistes dans les domaines tels que l'orthopédie, la neurologie, la physiothérapie, la pédiatrie, la santé sexuelle, l'urologie ainsi que la médecine traditionnelle et alternative* »[226]. L'obligation positive de l'État de fournir les soins et traitements médicaux est un acte médical qui concerne non seulement les victimes des blessures physiques, mais aussi les

[223] Pin (X.), « Les victimes d'infractions. Définitions et enjeux », *APC*, vol 28, 2006, pp. 49-72.
[224] UNVFVT, Assistance, disponible sur http//www.ohchr.org
[225] CDH, *Raul Sendic Antonaccio c. Uruguay*, 28 novembre 1979, Communication n°R 14/63, UN. Doc. Supp. N°40 (A/37/40, at 114 51982), paragraphe 20.
[226] ONU, Assemblée générale, Rés 33/174 du 16 décembre 1981.

« victimes porteuses de symptômes et ressentant une souffrance psychique »[227].

125. La fourniture des soins médicaux est le pendant concret d'un *« véritable droit à la santé »*[228]. Ce droit implique une obligation de résultat à la charge de l'État. S'abstenir d'apporter des soins médicaux à une victime peut être assimilé à un traitement inhumain et dégradant parce que l'abstention dans ce cas, vise à aggraver la souffrance ou la douleur infligée à la victime en violation du droit à la santé. C'est pourquoi l'État sera toujours tenu pour responsable devant le Comité dans pareilles situations.

Paragraphe 2- Les mesures de réparation prospectives

126. Les mesures de réparation tournées vers l'avenir mettent l'accent sur le respect futur d'une obligation. Elles consistent au non renouvellement des violations du Pacte (A) et en la cessation du fait illicite (B).

A- La garantie de non répétition des violations des droits civils et politiques

127. Une forme particulière des garanties de non répétition de l'illicite[229], parfois évoquée par la doctrine est

---

[227] Crocq (L.), « Intervention médico-psychologique auprès des victimes : le réseau des cellules d'urgence médico-psychologiques », *in* (dir), Robert Cario, Denis Salas, *Œuvre de justice et victimes,* L'Harmattan, pp. 189-201.

[228] Belanger (M.), « Origine et histoire du concept de santé en tant que droit de la personne », *Journal international bioéthique*, 1998, vol 9, n°3, p. 59.

[229] Sur la question des garanties de l'illicite dans le contentieux des droits de l'homme, lire Tigroudja (H.), « La satisfaction et les garanties

l'engagement renouvelé de l'État de respecter et de restaurer la légalité (1) ainsi que de protéger les droits civils et politiques (2).

1- Le réengagement de l'État à respecter la légalité conventionnelle

128. Sur le fondement du principe de *pacta sunt servanda*, les États Parties du PIDCP sont tenus de respecter les droits civils et politiques énoncés dans le Pacte. Pareille obligation est synonyme de l'engagement de l'État de ne pas s'interférer de manière injustifiée dans l'exercice des droits humains. Cela signifie que l'obligation de respecter le Pacte n'appelle aucune action positive de l'État. En droit international, cette obligation renvoie à une simple obéissance à la norme.

129. L'obéissance à la norme protectrice des droits est une problématique d'actualité. Elle signifie que l'État doit agir *ex mandato*, c'est à dire sur commandement ou sur prescription de la norme[230]. Le PIDCP contient donc des règles[231] qui font non seulement interdiction aux États de ne

---

de non répétition de l'illicite dans le contentieux interaméricain des droits de l'homme », *in Réparer les violations graves et massives des droits de l'homme : La cour interaméricaine pionnière et modèle* ? Elisabeth Abdelgawad et Kathia Martin-Chenut, Paris, UMR, 2010, pp. 6-89.

[230] Picavet (E.), « Règles et commandements d'après la théorie de Hart », pp. 61-91, in *Kelsen et Hart. La norme et la conduite*, *Puf*, 2000, 136 p.

[231] Trois critères permettent de comprendre la notion de règle. D'abord la règle est une norme, ensuite la règle est impersonnelle et enfin la règle est générale. Sur la question, lire Kelsen (H.), *Théorie générale du droit et de l'Etat ; suivi de La doctrine du droit naturel et le positivisme juridique* (trad. Laroche (B.) et Faure (V.), Bruxelles et Paris, Bruylant et LGDJ, 1997, 517 p.

pas s'ingérer, mais aussi leur prescrivent une neutralité dans l'exercice des droits consacrés. Distincte de l'intervention[232], l'ingérence[233] peut être définie comme le fait pour l'État de faire obstruction à l'exercice des droits civils et politiques. Le Pacte prescrit alors aux États de ne pas s'ingérer dans le patrimoine des droits qu'il protège. C'est dans cet ordre d'idées que les dispositions contraignantes du Pacte portent essentiellement sur la norme qui interdit dans l'absolu les atteintes à l'intégrité physique.

130. Sous ce rapport, les dispositions du Pacte n'admettent aucune réserve quelles que soient les circonstances. Il en est ainsi des interdictions de torture, de non-discrimination et d'esclavage par exemple. Au même titre que le CDH[234] , le droit international considère ces interdictions à la fois comme des obligations impératives de *jus cogens* et comme des exemples *d'obligations erga omnes*[235] découlant du droit relatif aux droits de l'homme[236]. Or cette assimilation n'a pas lieu d'être parce que ces obligations sont fondamentalement distinctes. En réalité, « *le caractère cogens d'une norme concerne la qualité du contenu même de celle-ci [tandis que] l'expression erga omnes attire*

---

[232] L'intervention est une opération matérielle. Voir à ce sujet CIJ, *Détroit de Corfou (Royaume-Uni c. Albanie)*, arrêt du 9 avril 1949, (fond), Rec 1949.

[233] L'ingérence est tout acte d'interférence dans la conduite des affaires intérieures de l'Etat, mais cela sans force.

[234]CDH, Observation générale n°24 de 1994, sur les questions touchant les réserves formulées au moment de la ratification du Pacte ou des Protocoles facultatifs ou de l'adhésion à ces instruments, ou en rapport avec des déclarations formulées au titre de l'article 41 du PIDCP (CCPR/C/21Rev.1/Add.6), 11 novembre 1994.

[235] CIJ, *Affaire de la Barcelona Traction, Light and Power Co, Ltd (Belgique c. Espagne)*, arrêt du 5 février 1970, Recueil 1970, p.32, paragraphe 33.

[236] *Ibid*, paragraphe 34.

plutôt l'attention sur ses destinataires »[237] . L'interdiction entre autre de recourir à la torture ou à l'esclavage est une obligation qui échappe au jeu de la réciprocité en droit international[238]. Pendant que l'esclavage est la première violation mondiale des droits humains, même dans ses nouvelles formes telles que l'esclavage pour dettes, l'esclavage sexuel ou traditionnel[239], la torture quant à elle est une modalité aggravée de la violence en droit international[240].

131. Toutefois, il y a des principes de droits de l'homme dont la norme d'interdiction n'est pas absolue. Il s'agit par exemple du principe général de non-refoulement qui se situe entre la nécessité de protéger l'individu et l'obligation pour l'État de sécuriser ses frontières. Si « *de tout temps l'homme a accueilli sur son territoire l'étranger, mais lui a aussi refusé l'accès à son territoire sans égards aux motifs justifiant la migration* »[241], tous les États membres de la

---

[237] Pellet (A), « Conclusions », *in* Tomuschat (Ch), Thouvenin (J-M) (eds), *The Fundamental Rules of the International Legal Order, Jus Cogens and Obligations Erga Omnes,* Leiden/Boston, Martinus Nijhoff Publishers, 2006, pp.418-424. .

[238] Sicilianos (L.-A.), « Classification des obligations et dimension multilatérale de la responsabilité internationale », in Pierre-Marie Dupuy, (sous la direction de), *Obligations multilatérales. Droit impératif et responsabilité internationale des Etats*, Paris, *Pedone*, 2003, p. 66.

[239] Miers (S.), « Le nouveau visage de l'esclavage au XXe siècle », *Cahiers d'études africaines,* pp. 667-688 ; Fritz (J.-C.), « Les métamorphoses de l'esclavage, mutations et avatars contemporains », *Droit et cultures*, 70/2015, pp. 15-41 ; Martig (A) et Saillant (F), « L'esclavage moderne : une question anthropologique ? », *Anthropologie et Société*, vol 41, n°1, pp. 9-27.

[240] Da Mota Bolfarini (I. C.), « L'emprise du droit international sur la violence physique », *AMDI*, pp. 219-249.

[241] Plouffe-Malette (K.), « Olivier Delas, le principe de non-refoulement dans la jurisprudence internationale des droits de l'homme : De la consécration à la contestation », *RQDI*, 2011, 6 p.

communauté internationale sont néanmoins tenus de garantir dans le cadre des migrations humaines le principe de non refoulement.

2- Le réengagement de l'État à protéger les droits civils et politiques

132. Le rappel par les experts du CDH de l'obligation de protéger à l'attention de l'État mis en cause, est une incitation à l'adoption par celui-ci des mesures de protection de l'individu contre les ingérences politiques, économiques et sociales [242]. C'est en d'autres termes l'occasion pour le Comité d'attirer l'attention de l'État sur la nécessité de prendre des dispositions concrètes[243] en vue d'*« adopter des mesures raisonnables et adéquates pour protéger les droits humains de l'individu »* [244]. La réparation dans cette occurrence va consister pour l'État à se conformer à une obligation positive[245], dont le contenu « *commande les mesures de fond nécessaires à la pleine jouissance des droits garantis »*[246].

133. La seule ratification du PIDCP par un État ne suffit pas à mettre en œuvre les obligations qui y sont contenues. Encore faut-il que l'État adopte des mesures concrètes et

---

[242] ComADHP, *Social and Economic Right Action c. Nigeria*, 2001, paragraphe 45.

[243] Brugnion (F.), « Le Comité International de la Croix Rouge et la protection des victimes de guerre », *RICR,* n°7775, 2005, p. 11.

[244] CEDH, *Hokkanen c. Finlande*, arrêt du 24 août 1994 ; *Lopèz-Ostra c. Espagne,* arrêt du 9 décembre 1994.

[245] Masudi Kandolo (P.), *Des obligations positives de l'Etat congolais face à la protection du droit à la vie de 2007-2009*, Mémoire, Université officielle de Bukavu, 2009, p. 32.

[246] Akandji-Kombe (J.-F.), *Les obligations positives en vertu de la convention européenne des droits de l'homme*, *op.cit.*, p. 16.

pratiques pour *implémenter* dans son ordre juridique, les droits et libertés consacrés au bénéfice de la personne humaine. C'est pourquoi un État convaincu des violations des droits civils et politiques est tenu d'adopter des *« mesures raisonnables et adéquates »*, de garantir au rang des obligations positives de prévention, l' *« effectivité des droits et liberté »* et l'*« efficacité du système de protection »*[247] universel dans son ordre juridique afin de donner effet aux décisions du Comité.

134. Obligation juridique tirée de l'aptitude de l'État à satisfaire les besoins de l'individu[248], l'adoption des mesures raisonnables et adéquates est une affaire qui échoit à la compétence exclusive de l'État. C'est ce qu'a toujours rappelé le CDH dans ses observations générales sur le droit à la vie[249]. Sous le prisme de la prévention, cette obligation a souvent été rappelée à l'attention des États par le CIADH comme une obligation de prendre des mesures permettant de prévenir les violations des droits humains[250], par la CIJ comme « *l'obligation qui s'impose aux États parties (...) de mettre en œuvre tous les moyens qui sont raisonnablement à leur disposition en vue d'empêcher, dans la mesure du possible, le génocide* »[251]. Dans le même sens, la CEDH

---

[247] Palluel (C.), « La prévention des violations dans le droit de la Convention européenne des Droits de l'Homme : entre effectivité et efficacité », *Jurisdoctoria,* n°13, 2016, pp. 75-105.

[248] Virally (M.), *Droits de l'homme et théorie générale, in Mélanges Cassin,* vol. 4, *Méthodologie des droits de l'homme*, Paris, Pedone, 1972, pp.323-330.

[249] CDH, Observation générale n°06, Article 6 (droit à la vie), 16ème session, UN.Doc, HRI/GEN/1/Rev.9 (1982) ; Observation générale n°31 : La nature de l'obligation juridique imposée aux Etats parties au Pacte, 80ème session, UN.Doc, HRI/GEN/1/Rev.7 (2004).

[250] CIADH, *Velasquez Rodriguez c. Honduras, op.cit.*

[251] CIJ, *Application de la convention pour la protection et la répression du crime de génocide (Bosnie-Herzégovine c. Serbie-et-Monténégro*), arrêt du 26 février 2007, Rec. 2007, p.43, paragraphe 430.

estime aussi que les États doivent « *adopter des mesures raisonnables et adéquates pour protéger les droits de l'individu* » [252]. Dans le but bien compris de garantir l'effectivité du Pacte[253]. La jurisprudence internationale en matière de droits de l'homme recommande en tout état de cause aux États, l'adoption des « *moyens légaux, politiques, administratifs et culturels permettant d'éviter la concrétisation d'une violation des droits devant être garantis* »[254].

135. Il ressort de l'exploitation de cette jurisprudence que les mesures positives que l'État est appelé à adopter sont des mesures *sui generis.* Leur particularité réside dans les caractères « *raisonnable, adéquat et spécial* » sur lesquels le Comité a souvent insisté dans ses constatations. Que signifient ces expressions si ce ne sont des principes qui commandent l'adoption des mesures réparatrices en matière de droits de l'homme. En tirant avantage des garanties de non répétition, le CDH recommande très souvent aux États l'adoption des mesures globales telles que la promulgation, la modification ou l'abrogation de certaines dispositions de leur législation en vue de les mettre en conformité avec les dispositions du Pacte[255] ou aux normes internationales[256]

---

[252] CEDH, *Lopez-Ostra c. Espagne, op.cit.*

[253] Voir article 2 paragraphe 1 et l'article 6 paragraphe 1 du PIDCP.

[254] Touze (S.), « La notion de prévention en droit international des droits de l'homme », *in* Décaux (E.) et Touze (S.), *La prévention des violations des droits de l'homme*, Actes du colloque des 13 et 14 juin 2013, *Pedone* 2015, pp. 19-36, p. 21, cité par Palluel (C.), « La prévention des violations dans le droit de la Convention européenne des Droits de l'Homme : entre effectivité et efficacité », *op.cit.*, p. 75.

[255] CDH, *F.K.A.G et Consorts c. Australie*, Communication n°2094/2011, 26 juillet 2013, paragraphe 11.

[256] CDH, *Pavlyuchenkov c. Fédération de Russie*, communication n°1628/2007, 20 juillet 2012, paragraphe 11.

B- La cessation immédiate du fait illicite

136. La cessation des violations continues du Pacte, vise à empêcher un comportement illicite dont les effets pourraient s'étendre dans le temps et dans l'espace[257], au moyen des mesures judiciaires (1) et non judiciaires (2).

1- La cessation judiciaire

137. La cessation judiciaire des violations continues du Pacte peut être mise en œuvre, non seulement par le juge des référés, mais aussi par le juge du fond. La notion de référé ne fait l'objet d'aucune définition expresse par les dispositions du PIDCP. S'en tenir à cette observation ferait preuve de pusillanimité dans la mesure où l'on peut trouver les prémices de cette notion dans l'interprétation des dispositions de l'article 3(a) du Pacte[258]. Ce texte permet de donner la possibilité à un individu d'exercer un « *recours utile* » en cas de violation des droits civils et politiques. En réalité, les experts du CDH peuvent recommander à un État, et à titre de réparation, l'institution dans leur ordre juridique, des procédures d'urgence destinées à faire cesser les effets continues des violations des droits. Toutefois, l'obligation d'instituer de telles procédures est clairement énoncée dans un style de *soft law* à l'article 66 du

---

[257] Arangio-Ruiz, Gaetano, Rapport à l'Assemblée générale, *doc off, 43ème Session, Suppl,* n°10, A/43/10, p. 201, n°57.

[258] L'article 2, paragraphe 3 (a) dispose que : « Les États parties au présent Pacte s'engagent à :

a) Garantir que toute personne dont les droits et libertés reconnus dans le présent Pacte auront été violés disposera d'un recours utile, alors même que la violation aurait été commise par des personnes agissant dans l'exercice de leurs fonctions officielles ».

règlement du Comité des droits de l'homme[259]. C'est dans le cadre de cette disposition que le Comité peut recommander à un État aux termes de ses constatations, l'adoption dans l'urgence, des décisions judiciaires pour éviter la survenance d'un préjudice irréparable.

138. La cessation immédiate des effets des violations des droits civils et politiques est une question de protection proactive. C'est pourquoi l'urgence qui en est le fondement, commande l'adoption des mesures préventives ou provisoires par l'État contrevenant. Toutefois face à des conséquences imminentes irréparables, le CDH peut recommander *« l'édiction de mesures définitives »*[260] et non des mesures d'urgence provisoires.

139. Il en est ainsi des menaces directes à la vie et à la dignité humaine. L'adoption des mesures de cessation dans de telles situations visent à anticiper sur un *« dommage qui n'est pas encore réalisé, mais qui se produira sûrement si la situation présente doit se perpétuer »* [261] . *« La circonstance la mieux appropriée qui justifierait l'indication d'urgence des mesures conservatoires »*[262], est justement la situation de violation des droits civils et politiques. La persistance de ces violations « *expose les êtres humains concernés à des privations, à un sort pénible et angoissant et même à des dangers pour leur vie et leur*

---

[259] Lire les alinéas 2, 3 et 4 de l'article 66 du règlement intérieur du CDH

[260] *Ibid.*

[261] Solus (H.) et Perrot (R.), *Droit judiciaire privé*, Sirey, 1961, t 1, n°12789 ; Cass. Com, 13 avr 2010, n°09-14386, *JurisData*, n°2010-003991.

[262] Oumba (P.), « Juridictions internationales et procédures d'urgence en matière des droits de l'homme », *Cahiers africains des droits de l'homme*, 2011, p. 2.

santé (...) »[263] . Est considéré comme danger grave et imminent, le fait pour la victime de se trouver en présence d'une menace susceptible de provoquer une atteinte sérieuse à son intégrité physique et à sa santé.

140. La procédure d'urgence est fondamentalement préventive. Elle ne vise qu'à prévenir l'irréparable dans une situation qui est actuelle. Il convient donc de s'interroger sur les potentielles actions positives de l'État face à un danger qui menace un intérêt ou un droit. À cause de la diversité des moyens de prévention en pareille situation, il devient fastidieux de faire leur inventaire. En tout cas, les États ont l'obligation de prendre des mesures provisoires et conservatoires, qui « *sans prendre parti sur le fond du débat-permettent soit de suspendre une action ou une opération pour en vérifier la légalité, soit de recueillir des informations qui, sans elles, risqueraient de disparaitre, soit, enfin, de donner une injonction* »[264].

2- La cessation non judiciaire

141. Le débat ici n'est pas de passer en revue toutes les mesures non judiciaires de cessation des violations continues du Pacte. Cette forme de cessation n'est autre chose que la restitution juridique en dehors de toute procédure judiciaire recommandée par le Comité. En effet, la technique de la cessation non judiciaire est le versant opposé de la restitution matérielle[265]. Opérant comme une restitution juridique, elle consiste en l'annulation,

---

[263] CIJ, *Personnel diplomatique et consulaire des Etats-Unis à Téhéran (Iran c. États-Unis)*, ordonnance en mesures conservatoires du 15 décembre 1979, Rec 1979, p. 19.
[264] Martin (G. J.), « Mesures provisoires et irréversibilité en droit français », *RJE*, pp. 131-141.
[265] Voir *infra*, les paragraphes n° 137, 138 et s.

l'abrogation, le retrait, la modification, la réforme d'un acte juridique à l'origine du manquement ou même les mesures de grâce. Ces actes positifs qui concourent à la transformation de l'ordre juridique, participent d'une manière générale à la réforme normative et institutionnelle de l'État mis en cause. En effet, les institutions de l'État mis en cause doivent être réformées à la suite des violations du Pacte, afin de prévenir toute répétition des mêmes faits. Les réformes envisagées incluent le processus de restructuration des institutions dans le respect des droits de l'homme et de l'État de droit[266] à travers par exemple des mesures telles que l'épuration[267], la lustration[268] et le désarmement. On peut envisager à ce sujet la réintégration dans la fonction publique des agents injustement radiés[269].

142. Il revient à l'État concerné de déterminer quels dispositifs seront les mieux à même de lui permettre d'atteindre ces objectifs. Cette détermination lui permet d'éviter non seulement une seconde procédure en responsabilité, mais surtout une seconde victimisation pour violation des dispositions du Pacte et des recommandations du Comité.

143. De ce point de vue, le Comité peut inviter l'État responsable à réviser sa législation par abrogation ou réformation des dispositions incompatibles au PIDCP. La

---

[266] Marguarrel (L.), « Les réparations en théorie et en pratique », *op.cit.*, p. 3.

[267] L'épuration est le processus de révocation des fonctionnaires corrompus ou coupables de violation des droits de l'homme.

[268] C'est un processus similaire à l'épuration. Le mot faisant particulièrement référence aux processus appliqués dans les anciens pays communistes d'Europe Centrale et orientale après la fin de la guerre froide.

[269] Roman David, *Lustration and Transitional Justice: Personnal Systems in the Czech Republic, Hungary and Poland Philadelphia,* University of Pensylvania Press, 2011.

CIADH a par exemple examiné pour la première fois les requêtes aux fins de modification du droit interne du Venezuela et de l'Argentine dans les affaires: *El Amparo, Caballero Delgado et Santana, Garrido et Baigoria et Castillo Paéz*[270]. Même si la Cour les avait rejetées, elle a plutard fait droit à une requête au terme de laquelle la victime sollicitait la modification dans l'urgence de la législation nationale du Pérou dans le cadre de la lutte contre le terrorisme[271]. La question de la cessation des violations continues des droits civils et politiques se détache de toute idée de responsabilité. Il n'est pas toujours nécessaire d'engager la responsabilité de l'État pour prendre des mesures de cessation. La pratique a souvent révélé que de telles mesures sont très souvent ordonnées d'office par le CDH qui peut aussi recommander les réparations compensatoires.

Section 2 – La désignation des réparations matérielles

144. Par opposition à la réparation immatérielle, la réparation matérielle quant à elle porte essentiellement sur le dédommagement qu'on peut apprécier de diverses manières (Paragraphe 1). La mise en œuvre de ce mécanisme de réparation est régie par un certain nombre de principes qu'il convient de déterminer (Paragraphe 2)

---

[270]CIADH, *El Amparo c. Venezuela, op cit* Série C, n°28 ; *Garrido et Baigorria c. Argentina*, Réparations et dépens, arrêt de 27 août 1998, Série C, n°39 ; *Castillo Paéz c. Perou*, 21 octobre 1990, Série C, n°43.
[271]CIADH, *Castillo Petruzzi c. Perou*, 17 novembre 1999, Série C, n°52.

Paragraphe 1- Les modalités du dédommagement

145. Le dédommagement en vue de réparer les violations des droits, peut consister en la restitution d'une part (A), et l'indemnisation d'autre part (B).

A- La restitution

146. Selon les besoins des victimes et la nature des violations, le CDH peut inviter l'État responsable à restituer simplement les biens des victimes indûment acquis (1). Cette restitution peut paraitre complexe en cas de préjudice immatériel (2).

1- La restitution simple

147. La restitution est dite simple parce qu'en cas de préjudice matériel, sa mise en œuvre est matériellement possible pour l'État mis en cause. Ce mode de réparation doit autant que possible, effacer les conséquences de l'acte illicite, rétablir l'état qui aurait vraisemblablement existé si l'acte incriminé n'avait pas été commis. La restitution peut recommander par le CDH en cas d'expropriation illégale et de confiscation de bien par exemple. Dans le système onusien de protection des droits de l'homme, la restitution peut se définir comme un transfert de propriété aux individus victimes de violation de leur droit de propriété sur les biens. Dans « *le matériellement possible* », la restitution dite simple va consister en la protection des droits réels conformément aux « *principes fondamentaux et directives concernant le droit à un recours et à réparation des victimes de violations flagrantes du droit* *international des droits de l'homme et violations graves du droit international humanitaire »*[272].

148. La dimension matérielle de la restitution est la plus dominante dans le système de réparation du CDH. Cependant, ce mécanisme peut porter sur la restauration des droits et libertés autres que le droit de propriété. Dans le cadre de sa mission de contrôle l'application des instruments régionaux de protection des droits de l'homme, la CIADH engage souvent l'État à adopter des mesures nécessaires[273].

149. S'agissant de la perte de l'emploi par exemple, la victime aura le sentiment de justice si le CDH indique dans ses constatations sa réintégration dans son poste de travail après un licenciement abusif et la garantie d'une formation continue comme c'est le cas devant le CDH[274]. Cet organe a par ailleurs assimilé à la restitution simple la remise en liberté d'un individu illégalement privé de sa liberté.

150. La restitution simple est une question de circonstance dont l'étude doit être menée selon les cas. Elle permet à l'État responsable des violations des droits civils et politiques d' *« effacer les conséquences de manière à*

---

[272] D'Argent (P.), « Le droit de la responsabilité internationale complété ? Examen des principes fondamentaux et directives concernant le droit à un recours et à réparation des victimes de violations flagrantes du droit international des droits de l'homme et de violations graves du droit international humanitaire », *AFDI*, vol 51, 2005, pp. 27-55.

[273] CIADH, *Massacres de Ituango c. Colombie,* 1er juillet 2006, Série C, n°148.

[274] CIADH, *Baena Ricardo et autres c. Panama,* Fond, réparations et dépens. Décision du 02 février 2001, Série C, n°72.

rétablir autant que faire se peut la situation antérieure à celle-ci »[275].

2- La restitution complexe

151. La restitution est complexe lorsqu'en nature, elle devient inappropriée, insuffisante voire impossible[276]. Elle semble difficilement s'accommoder au préjudice non matériel. La restitution impossible s'entend comme la difficulté absolue à restituer le bien spolié. Cette hypothèse pose ainsi la problématique de *la restitution du non restituable*. Dans le cadre du droit à la vie, on peut très vite s'apercevoir qu'il est difficile de restituer un souffle de vie en cas de violation du droit à la vie ou de perte d'une vie humaine.

152. Le droit à la vie englobe plusieurs droits prévus dans le Pacte[277]. Il *« constitue l'un des principes fondamentaux de l'ordre juridique international, voire un préalable nécessaire à l'existence même de l'humanité, de la société internationale et, par conséquent, du droit international* »[278]. Il a même été érigé en droit suprême de l'être humain[279], en un « *devoir suprême de prévenir les guerres, les actes de génocide et les autres actes de violence*

---

[275] CEDH, *Akdivar et autres c. Turquie,* 16 septembre 1996, paragraphe 356.

[276] *Ibid,* décision du 21 juillet 1989, Série C, n°7.

[277] Conformément aux articles 6 à 27 du PIDCP.

[278] Muller (D.), « Le prix de la vie humain : La réparation des dommages en cas de pertes de vies humaines dans le droit de la responsabilité internationale », *AFDI*, vol 60, 2014, pp. 429-465.

[279] CDH, *John Khemraadi Baboeram, André Kamperven, Cornelis Harold Riedewald et Edmund Alexander Hoost c. Suriname,* constatations 04 avril 1985, paragraphe 14.3 ; Communication n°1619/2007, *Felipe et Evelyn Pestano c. Philippines,* constatations, 23 mars 2010, paragraphe 7.2.

collective qui entrainent la perte arbitraire des vies humaines »[280]. Il est comme une vérité absolue que les violations du droit à la vie sont irréparables devant le CDH, et que celui-ci est donc dans l'impossibilité de restituer une vie humaine perdue si ce n'est par équivalent.

153. On est au moins sûr que les biens corporels sont plus faciles à évaluer que les atteintes extrapatrimoniales. La restitution en matière de dommage corporel n'est pas une sinécure en ce qu'elle pose la question de la quantification et de l'évaluation du dommage lui-même. La pratique devant les instances internationales de protection des droits de l'homme, fait croire que toute approche de restitution des violations du droit à la vie s'avère artificielle, non quantifiable et donc irréparable[281].

154. Lorsque l'obligation de restituer porte sur un corps certain ou fongible, la restitution en nature est encore impossible, surtout si la chose a péri ou si l'État qui l'a reçue en a transmis la propriété à un tiers, ou même qu'il a perdu le contrôle effectif de cette chose. Il revient dans tous les cas au CDH d'apprécier l'opportunité d'une telle mesure de réparation en fonction de l'ampleur du dommage et du nombre de victimes concernées.

B- L'indemnisation compensatrice

155. L'indemnisation consiste pour le Comité non pas à réexaminer le quantum des dommages-intérêts déterminé

---

[280] CDH, Observation générale n°06, Article 6 (Droit à la vie), paragraphe 1, Documents officiels de l'Assemblée générale, 37ème session, Suppl n°40, p. 104.

[281] Jeangène Vilmer (J.B.), *Réparer l'irréparable. Les réparations aux victimes devant la Cour Pénale Internationale,* Puf, 1ère éd., 2009, 200 p.

par l'État fautif[282], mais à apprécier l'objectivité de l'évaluation du dommage (1) et la rigueur de la motivation de la décision d'indemnisation (2).

1- L'objectivité de l'évaluation du dommage

156. Les violations des droits humains entrainent des dommages qui doivent être évalués et traduits en somme d'argent. C'est ce sur quoi porte les observations du Comité lorsqu'il aborde la problématique de l'indemnisation des victimes des violations des droits civils et politiques. Dans le cadre des requêtes contentieuses qui lui sont soumises le CDH vérifie si l'indemnisation contestée par une victime a été décidée par l'État dans la transparence et l'équité. En effet, le calcul des dommages et intérêts par les autorités étatiques doit avoir été fait en toute objectivité et en toute équité[283].

157. L'article 2(3) du PIDCP fait d'ailleurs obligation aux États Parties d'accorder aux victimes une indemnisation appropriée[284] en fonction d'un certain nombre de règles qu'il convient de relever. D'abord *« le juge qui refusera de juger, sous prétexte du silence, de l'obscurité ou de l'insuffisance de la loi, pourra être poursuivi comme coupable de déni de justice »*[285]. Est donc constitutif d'une violation de l'article 2(3) du Pacte, le juge qui refuse

[282] CDH, *Simms c. Jamaique,* Communication n°541/1993, UN Doc. CCPR/C/53/D/541/1993 (1995), para 6.2 ; *Arutyunyan c. Ouzbékistan*, Communication n°917/2000, UN Doc.CCPR, paragraphe 5.7
[283] CDH, *Martinez et al c. Uruguay* (1607/2007, paragraphe 6.
[284] Observation générale n°31 : La nature de l'obligation juridique générale imposée aux États parties au Pacte (Quatre-vingtième session) UN. Doc.HRI/CEN/1/Rev.7 (2004°, paragraphe 16.
[285] Cass, 2ème Ch civ, arrêt du 14 septembre 2017, n°16-22-776.

d'évaluer le montant d'un dommage[286] conformément au principe de la réparation intégrale. Les États Parties doivent se conformer à cette règle de droit international coutumier parce qu'elle constitue « *la directive essentielle* »[287] du système de réparation du CDH. L'effectivité de la réparation permet ainsi d'atteindre l'objectif de réparation intégrale des violations des droits civils et politiques au moyen du mécanisme de la compensation par équivalent[288].

158. Le juge est tenu d'évaluer le dommage en fonction des principes de justice distributive. Ces principes supposent que toutes les victimes reçoivent en guise de réparation, les dommages et intérêts sur la base du principe de l'égalité d'accès à la justice et de traitement. D'un point de vue formel, il faut penser à une égalité procédurale qui garantit l'égal accès à la réparation[289]. L'allocation des fonds au titre du paiement de l'indemnité doit prendre en compte les intérêts de la victime.

159. Connexes au principe de l'égalité, les principes de non-discrimination et de non stigmatisation des victimes, doivent également être respecté par le juge de l'évaluation du dommage. Ces principes apparaissent comme des règles interchangeables [290] , même s'il « *pourrait se révéler nécessaire d'accorder la priorité à certaines victimes qui*

---

[286] CDH, *Rieadl-Riedenstein et consort c. Allemagne* (1188/2003), paragraphe 7.3.

[287] Viney (G.) et Jourdain (P.), *Les effets de la responsabilité,* LGDJ, 2ème éd., n°57.

[288] CDH, *Kibaya c. République Démocratique du Congo*, 1483/2005.

[289] Martin (D.), « Egalité, égalité de traitement et discrimination en droit communautaire : 1+1+1=3…ou 1 ? », *Revue de jurisprudence sociale*, vol 12, 2008, pp. 947-954.

[290] Décaux (E.), « L'article II-81-paragraphe 1 », *in* Laurence-Burguorgue-Larsen, Anne Levade, Fabrice Picod, (dir), Traité établissant une constitution pour l'Europe, Commentaire article par article, Partie II, Bruxelles, *Bruylant,* 2005, pp. 289-297.

sont dans une situation particulièrement vulnérable ou qui ont besoin d'une assistance urgente »[291] qu'il conviendra de relever avec emphase dans une décision motivée.

2- La motivation de la décision d'indemnisation

160. L'âme d'un jugement, les motifs sont *« sans conteste une garantie essentielle de bonne justice, en raison des fondements auxquels [ils] sont rattachés. La motivation permet un contrôle disciplinaire par les juridictions (...), aide le justiciable à comprendre la décision et à vérifier si les moyens de fait et de droit qu'il a exposés ont été pris en compte par le juge dans le cadre d'un débat contradictoire* »[292]. L'obligation de motiver les décisions de justice en général est un rempart contre l'arbitraire et les erreurs judiciaires. Elle consiste en la formalisation du raisonnement judiciaire. Elle permet au juge d'aboutir à une conclusion justifiée en droit. D'un point de vue technique, la motivation permet ainsi de soumettre la décision à un contrôle de son exactitude juridique. La motivation d'une décision de justice est la preuve de sa conformité aux exigences des dispositions de l'article 14 du Pacte relatives au procès équitable.

161. Un État peut être tenu pour responsable devant le CDH pour avoir justement manqué au respect des règles du procès équitable par les autorités nationales. Le procès équitable n'est plus une question des parties mises en cause dans un procès. Il porte davantage sur les droits de la victime pour qui la compréhension de la décision de

---

[291] CPI, Chambre préliminaire, 7 août 2012, *Situation en RDC, affaire Le Procureur c. Thomas Lubanga Dyilo*, « Décision fixant les principes et procédures applicables en matière de réparation », ICC-01/04-01/06.

[292] Fricero (N.), note sur CEDH, 21 janvier 1999, Procédure, H-S, décembre 1999, n°309, p. 179.

réparation doit être garantie. Cette nouvelle approche de la motivation des décisions de justice fondée sur le droit des victimes résulte de la justice pénale internationale. Celle-ci a accordé une place aux victimes des crimes internationaux depuis l'adoption du statut de Rome en 1998. Ainsi le juge est tenu de veiller dans la motivation, à la protection des intérêts de la victime par application de la règle de droit avant d'en tirer les conclusions possibles[293].

162. Si la justice internationale d'une manière générale est légitime, c'est parce qu'elle protège les droits des victimes de violations des droits humains. Le nouveau paradigme de la justice est la prise en compte des droits des victimes pour qui l'on doit faciliter autant que faire se peut la compréhension[294]. La motivation des décisions de justice n'est plus une question de garantie de la transparence et de la légalité mais, une obligation de protection des droits des parties. Malheureusement, c'est encore la tradition trop formelle de la motivation qui prévaut. Elle semble sacrifier la démarche persuasive et la fonction tutélaire[295] de l'œuvre de justice propre à satisfaire la construction identitaire de l'individu[296].

163. Dans le système de protection des droits civils et politiques, l'obligation de motivation ne ressort pas clairement de la lettre du PIDCP. Il faut interpréter les

---

[293] Giudicelli-Delage (G.), *La motivation des décisions de justice,* Thèse, 1979, Poitiers, p. 322 ; Laurent Berthier, *La qualité de la justice,* Thèse, Limoge, 2011, p. 270.

[294] Gaudemet (Y.), *Les méthodes du juge administratif,* LGDJ, 1972, p 86

[295] Julia-Guillermet (C.), *La motivation des décisions de justice. La vertu pédagogique de la justice,* L'Harmattan, 2006, p. 43.

[296] L'individu au procès pénal international ne saurait se satisfaire d'un jugement d'autorité. L'adhésion du sujet n'en sera que meilleure, évitant des réticences d'exécution. La qualité de l'arrêt favorisera donc la compréhension et l'adhésion du justiciable.

dispositions de l'article 14 consacrées aux règles du procès équitable pour se rendre compte qu'il s'agit d'une obligation sous-jacente ; phagocytée par la notion endo-processuelle de droits de la défense.

Paragraphe 2- Les principes régissant le dédommagement

164. Dans la mise en œuvre de bonne foi de ses engagements conventionnels, l'État est tenu en toute loyauté, de verser à la victime l'indemnité due (A) et dans le respect d'un certain délai (B).

A- La loyauté dans le paiement des dommages et intérêts

165. Dire que l'État mis en cause devant le CDH est tenu de verser loyalement une indemnité due, revient à analyser tour à tour le principe du paiement effectif (1) et le principe du paiement systématique des dommages et intérêts (2).

1- Le principe du paiement effectif

166. Une fois la créance d'indemnisation étant due en faveur de la victime, l'État est tenu de payer effectivement cette indemnité pour justement donner plein effet au PIDCP. L'office du CDH dans pareille occurrence, consiste en la vérification dans l'ordre juridique de l'État responsable, des instruments juridiques permettant d'assurer l'effectivité des décisions de condamnation à des dommages et intérêts. Cette vérification a pour fondement le droit à un recours utile consacré par l'article 2(3) du

PIDCP. En effet, en s'abstenant de prendre des mesures efficaces nécessaires pour exécuter les décisions de justice en matière civile, l'État viole ainsi ses engagements internationaux [297]. L'État doit pouvoir mettre à la disposition d'une victime créancière du paiement d'une indemnité, des voies d'exécution et des procédures légales de recouvrement de la créance qu'elle a obtenue de la partie condamnée.

167. De ce qui précède, l'absence des procédures de recouvrement des créances peut justifier la responsabilité internationale d'un État devant le CDH pour violation des dispositions du Pacte. Il ne suffira pas de prévoir un dispositif juridique de recouvrement de créances, mais encore faudra-il que l'État apporte son concours conformément à son engagement de garantir à toute personne le droit à un recours utile à tout individu se trouvant sur son territoire[298].

2- Le principe du paiement systématique

168. Le paiement systématique ou paiement immédiat doit être effectué au bénéfice de la victime des droits humains. L'exécution de la décision de condamnation en dommages et intérêts consiste pour l'État à payer sans négocier et dans l'immédiat, l'indemnité due à la victime des violations des droits civils et politiques. Les États ont donc l'obligation de payer systématiquement l'indemnité due en cas de violations des dispositions du Pacte. On ne peut envisager à cet effet un paiement par équivalent au risque d'empêcher le créancier d'exercer son droit à un recours utile. Sur le fondement des dispositions de l'article 2(3) du PIDCP et en

---

[297] CEDH, affaire *Palss-Broere c. France*, 28 février 2006.
[298] Article 2 (a) du PIDCP.

cas de non-paiement systématique, tout individu a donc le droit de contraindre l'État à respecter ses engagements conventionnels dans les conditions prévues par la législation de l'État incriminé et le PIDCP.

169. La mauvaise foi de l'État peut justifier une action en responsabilité devant le CDH en dépit du principe selon lequel « *l'État n'est jamais insolvable* ». Dans pareille situation, le CDH ne réexaminera pas la décision accordant les dommages et intérêts à une partie au procès[299]. Il va plutôt effectuer un contrôle de conventionalité pour se rassurer du respect des dispositions de l'article 2(3) du Pacte par les autorités étatiques.

B- Les délais de paiement des dommages et intérêts

170. Le paiement des dommages et intérêts doit être effectué dans le respect du principe de la rationalité du procès (1) et celui de la rationalité à l'exécution de la décision (2).

1- Le principe de la rationalité dans l'examen du litige

171. Garantie d'une bonne justice réparatrice, le délai raisonnable est un élément du procès équitable et un objectif de politique publique[300] que les États Parties au PIDCP n'ont pas expressément consacré. Ils l'ont plutôt accepté au rang des principes généraux de droit. Les textes internationaux de protection des droits de l'homme ont

[299] CDH, *Errols Simms c. Jamaique* ,Communication No. 541/1993, décision du 3 Avril 1995.

[300] Cholet (D.), *La célérité de la procédure en droit processuel*, Thèse, Poitiers, 2003, paragraphe 10.

consacré les notions de « *délai raisonnable* » et de jugement « *sans retard excessif* », comme des exigences universellement consacrées. Une bonne administration de la justice commande la restauration des droits des individus en temps réel, car l'émoi public causé par les violations des droits humains peut se dissiper, l'oubli peut s'installer, les preuves peuvent périr et les témoins peuvent disparaitre. Vue sous cet angle, le principe de la rationalité du procès concerne non seulement l'examen des demandes de réparation mais aussi le recouvrement des créances.

172. Loin de se confondre à la précipitation ou l'urgence[301], le délai raisonnable revoie au temps légitime, légalement fixé ou non, accordé pour statuer définitivement sur un contentieux. Le principe vise l'examen des violations des droits civils et politiques dans un temps raisonnable protecteur des droits des individus et des fondements de l'ordre juridique processuel[302]. Trop lente, les justiciables auront une mauvaise impression : « *Justice delayed, justice denied* » a-t-on souvent l'habitude de le relever. Trop rapide, la justice serait instrumentalisée. Ce qui importe, ce n'est point la durée courte de la procédure mais un temps adapté, un temps concret et « *sur mesure* » à la procédure de paiement des dommages et intérêts[303].

173. Pour apprécier le caractère raisonnable du délai, l'on doit prendre en compte le comportement des acteurs de la justice devant la juridiction concernée, la complexité de la

---

[301] Debove (F.), L'urgence en droit pénal, *in* Mélanges offerts à A Decocque, *une certaine idée du droit*, Litec, 2004, p. 175 et s.
[302] Segaud (J.), *Essai sur l'action publique*, Thèse, Reims Champagne-Ardenne, 2010, p. 111.
[303] Fricero (N.), « La qualité des décisions de justice au sens de l'article paragraphe1 de la CEDH », *in la qualité des décisions de justice*, Actes du colloque organisé les 8 et 9 mars 2007 à la faculté de droit et des sciences sociales de Poitiers, éditions du Conseil de l'Europe, p. 55.

procédure, le fond du lige et la disponibilité des règles de droit applicable. Le délai raisonnable est révélateur de performance pour une justice à l'épreuve de la complexité des violations des droits civils et politiques[304]. C'est parce qu'il constitue le point d'équilibre entre la précipitation et la lenteur procédurale que les États sont tenus, quelles que soient les circonstances, de mettre en œuvre le principe de la rationalité du procès dans le cadre de l'exécution des condamnations civiles.

2- Le principe de la rationalité dans l'exécution des condamnations civiles

174. Le principe de l'exécution des décisions de dédommagement dans un délai raisonnable résulte de l'interprétation des dispositions de l'article 14 du PIDCP. Il doit être considéré comme faisant partie intégrante du procès équitable. Ce principe a été clairement posé dans un arrêt de la CEDH [305] . En effet, l'exécution des condamnations civiles dans un délai raisonnable est une obligation à la charge des autorités judiciaires. En adhérant au Pacte les États s'engagent ainsi à donner effet dans un délai raisonnable, aux décisions nationales relatives à l'indemnisation de tout individu victime des violations des droits civils et politiques. Lorsque l'État refuse de prêter à une personne le concours de la force publique cela peut ouvrir un recours contentieux de pleine juridiction devant le Comité.

[304] Sur la question de la performance de la justice voir : Laurent Berthier, *La qualité de la justice*, Thèse, Limoge, 2001, 691p.
[305] CEDH, arrêt du 19 mars 1997 ; affaire *Hornsby c. Grèce*, 18357/91.

175. Le principe de l'exécution des décisions de justice en générale et des condamnations civiles en particulier, emporte deux conséquences importantes. D'une part ce principe impose à l'État de prévoir des instruments juridiques permettant d'assurer l'effectivité et l'efficacité des décisions de justice. En s'abstenant de prendre des mesures efficaces nécessaires pour exécuter les décisions de justice devenues obligatoires, l'État prive ainsi le principe de l'exécution des décisions de justice de tout effet utile. D'autre part, le principe sus relevé fait obligation aux États d'apporter leur concours à l'exécution des décisions de justice. Cela signifie que la partie qui se trouve dans une situation compromettante doit pouvoir solliciter le recours de la force publique ou de la force armée pour obtenir la complète exécution du jugement. Les actions étatiques en violation du principe de l'exécution des décisions de justice dans un délai raisonnable sont susceptibles de donner lieu à une action en réparation aussi bien devant les juridictions nationales qu'internationales de protection des droits de l'homme[306].

176. Le principe apparait en tout état de cause, comme un critère souple et modulable qui ne bénéficie d'aucune attention particulière par les quasi-juridictions universelles. Toutefois, il peut permettre au CDH comme c'est le cas devant la CEDH, d'apprécier la responsabilité internationale de l'État pour violation du principe de l'exécution des condamnations civiles dans un délai raisonnable[307].

*   *

*

---

306 CEDH, arrêt du 26 octobre 1999, affaire *Maini c. République française*, in les grands arrêts de la procédure pénale.

307 CEDH, 17 juillet 2001, *Pogozelec c. Pologne,* n°29455/95.

177. En matière de réparation, le CDH se montre de plus en plus disposé à adopter dans ses constatations une approche globale axée sur la victime. Ces décisions prévoient l'octroi aux victimes d'une réparation intégrale et convenable. L'exploitation de la jurisprudence du CDH a donné lieu à une distinction entre la réparation immatérielle et la réparation matérielle. Ces modalités de réparation sont universellement partagées par les instances de protection des droits de l'homme au rang desquelles s'inscrit la cour pénale internationale [308] . La première centrée sur la réparation du préjudice moral, précède la deuxième orientée vers les mécanismes classiques d'indemnisation et de restitution. Le droit de la réparation devant le Comité semble avoir été élaboré autour du droit à un recours utile que les États Parties au PIDCP sont tenus de garantir à tout individu.

[308] Sur la problématique de la réparation des crimes internationaux devant la Cour pénale internationale lire Mbara A Betsem (G.D), *Les titres de noblesse de la victime devant la cour pénale internationale* ; L'Harmattan, 2019, 235 p.

Conclusion de la Partie I

178. L'analyse de la chose constatée comme le résultat d'une technique d'examen des faits, a permis de relever que la description des violations et l'indication des réparations appropriées, sont caractéristiques de l'office des experts dans leurs attributions contentieuses. Cet office est déterminé par les textes constitutifs du CDH. Le contentieux qui est soumis à l'appréciation de cet organe est examiné dans le cadre d'un traitement individualisé des requêtes et dans un esprit judicaire. Les constatations qui en résultent font obligatoirement l'objet d'un suivi à la diligence du rapporteur spécial en cas d'inexécution des recommandations qui y sont contenues.

Partie II

La chose constatée, résultat d'une technique de mise en œuvre des constatations du comité

179. La mise en œuvre des constatations du CDH ressortit de la compétence du rapporteur spécial. Nommé par cette quasi-juridiction, celui-ci est chargé du suivi des constatations faites au titre du paragraphe 4 de l'article 5 du Protocole facultatif se rapportant au PIDCP. Le rapporteur spécial recommande au Comité les mesures complémentaires qui peuvent être nécessaires à la réalisation des constatations de cet organe. En effet, l'œuvre de justice du CDH s'achève avec la mise en œuvre étatique des constatations adoptées. Toutefois, cette œuvre de justice n'est pas toujours une sinécure lorsqu'on se souvient que les constatations du Comité sont revêtues d'une relative force exécutoire. En effet, à défaut de l'exécution volontaire, le Comité dispose des moyens contraignants pour faire procéder à la mise en œuvre de ses constatations non par les soins d'un officier public mais par ceux du rapporteur spécial dans le cadre de la procédure de suivi. Cette procédure de suivi est *« destinée, par l'instauration d'un dialogue constructif avec l'État (...), à favoriser le respect des constatations et la mise en œuvre des recommandations qu'elles contiennent »*[309].

Considéré par la doctrine comme une modalité de contrôle internationale[310], le suivi est une expertise qui consiste à faciliter la mise en œuvre des constatations du Comité. Cette procédure résulte du constat selon lequel, très souvent le Comité ne sait rien de ce qui est arrivé à telle ou telle victime d'une violation du Pacte après qu'il a formulé ses constatations. L'office du rapporteur spécial vise *« non pas à blâmer les sujets surveillés mais à les aider à respecter les exigences qui pèsent sur eux et qui, intègrent une phase de*

---

[309] Kerbrat (Y.), Hennebel (L.), « Aspects de droit international général dans la pratique des comités institués par les Nations Unies dans le domaine des droits de l'homme », *AFDI*, vol 58, 2012, pp. 699-713.

[310] Mihaela (A.*), Le suivi du respect des droits de l'homme au sein du Conseil de l'Europe. Contribution à la théorie du contrôle international*, Thèse, Grenoble 2, 2009, p. 3.

'follow up' des suites données aux conclusions et recommandations »[311].

180. Le rapporteur spécial vérifie que l'État convaincu des violations des droits civils et politiques a pris des mesures pour donner effet aux recommandations[312] du Comité. Dans le cadre de la procédure de suivi, le rapporteur spécial est en réalité considéré comme « *les yeux et les oreilles* »[313] du Comité. Il est désigné sur le fondement de son expertise avérée, son expérience dans le domaine des droits de l'homme, son indépendance, son impartialité, son intégrité personnelle et son objectivité. Cet expert agit aussi bien sur des situations individuelles [314] comme des sujets thématiques[315] qui relèvent de la compétence du Comité.

181. L'activité du rapporteur spécial pose la problématique de la portée du suivi qu'il apporte dans la mise en œuvre des constatations du Comité. On peut donc s'interroger sur le degré de son intervention post constatation dans ses rapports avec l'État. Tantôt absent, tantôt présent, le rapporteur spécial contrôle les suites des constatations que le Comité adopte. Ces suites qui sont extérieures à la volonté du Comité, peuvent être distinguées selon qu'il s'agit des suites spontanées et des suites demandées par les membres de cet organe. Sur le fondement de cette distinction, la mission du rapporteur spécial prend la forme d'une surveillance des suites des constatations (Chapitre 3) et d'une assistance apportée à l'État mis en cause (Chapitre 4).

---

[311] *Ibid.*

[312] Conformément à l'article 101 (1) du règlement intérieur du Comité des droits de l'homme des Nations Unies.

[313] Magali (L.), *Les droits de l'homme,* coll Que sais-je ?, Puf, 2008, p. 86.

[314] Par exemple la situation des droits de l'homme dans un pays État partie donné.

[315] Par exemple la torture, le droit à la vie, le droit au procès équitable *etc.*

Chapitre 3 – La surveillance des suites des constatations par le rapporteur spécial

182. La chose constatée n'est pas le point d'achèvement de la procédure de communication individuelle devant le Comité. Il se produit à l'indifférence de la doctrine internationaliste, des phénomènes postérieurs à l'adoption des décisions que l'on considérera ici comme les suites des constatations du CDH. Les suites non contentieuses des quasi-juridictions *onusiennes* participent de l'effectivité [316] et de l'efficacité des « *mécanismes de contrôle et de garantie des droits de l'homme* »[317]. À la vérité, les suites discutées dans le cadre de cette analyse, ne sont autres que des effets irrévocables des constatations qui ne relèvent pas de la juridiction du Comité. Ce sont *ne varietur*, des conséquences qui sont attachées au dispositif des constatations du Comité, aux « *comportements provoqués par ces actes* » ou plus simplement à l'ensemble des « *réactions suscitées par les [constatations]* »[318].

183. Les comportements ou réactions dont il est question englobent des mesures ou des faits qui concourent à la réalisation de la chose constatée. Certains d'entre eux se

---

[316] Besson (S.), « L'effectivité des droits de l'homme. Du devoir être, du pouvoir être et de l'être en matière de droits de l'homme », *in Mélange en l'honneur de Marco Borghi,* à l'occasion du 65ème anniversaire, Jean-Baptiste Zufferey Jacques Dubey-Adriano Previtali (éd), Zurich/Bâle/Genève, 2011, pp. 54-83.
[317] Oumba (P.), *op.cit.*
[318] Weckel (P.), « Les suites des décisions de la Cour internationale de justice », *AFDI*, vol 42, 1996, pp. 428-442.

font naturellement voir immédiatement dès l'adoption des constatations et s'imposent au rapporteur spécial qui ne peut que les observer. C'est ce qu'on appellera les suites observées. D'autres par contre envisagent la mise en œuvre volontaire et spontanée des constatations par l'État, ou alors la mise en œuvre sous le contrôle du rapporteur dans le cas contraire. On les qualifiera de suites demandées parce qu'elles nécessitent une surveillance particulière du rapporteur spécial chargé du suivi des constatations. L'idée de surveiller les suites des décisions du Comité résulte du *soft law* sur lequel repose les mécanismes quasi juridictionnels de protection des droits humains.

184. Le terme surveillance est quasi inexistant dans l'ensemble des textes qui régissent le fonctionnement du Comité. Mais cependant, il est sous-jacent au concept de « *suivi* » qui lui, est indiqué par le règlement intérieur du Comité. Il ne peut se définir d'une manière autonome. La surveillance s'entend comme le fait de suivre avec attention, l'exécution des constatations du Comité, de manière à effectuer un contrôle de proximité sur les suites à elles réservées par l'État responsable des violations du PIDCP[319]. Elle est une garantie de l'exécution des décisions du CDH. Instituée depuis trois décennies aujourd'hui[320], le procédé de surveillance des suites réservées aux décisions du Comité, se dévoile au fil du temps, et se présente comme l'examen virtuel des suites observées d'une part (Section 1) et comme un examen réel des suites demandées d'autre part (Section 2).

---

[319] Fortas (A.-C.), *La surveillance de l'exécution des arrêts et décisions des cours européenne et interaméricaine des droits de l'homme. Contribution à l'étude du contentieux international*, Pédone, 2015, p. 323.

[320] Le rapporteur spécial chargé du suivi des constatations a été nommé par le CDH en juillet 1990.

Section 1 - Le contrôle virtuel des suites observées

185. Il convient de rappeler que les suites observées sont les effets immédiats qui se produisent dès l'adoption des constatations du Comité. Elles ne dépendent pas de l'action du rapporteur spécial qui n'est présent que dans l'abstrait. Il s'agit des conséquences judiciaires (Paragraphe 1) et des diligences postérieures qu'on assimilera aux suites extra-judiciaires (Paragraphe 2).

Paragraphe 1- Les suites judiciaires

186. Les suites que nous qualifions de judiciaire sont les conséquences à l'égard des experts (A) et celles à l'endroit des parties à la procédure (B).

A- Les conséquences à l'égard des experts du Comité

187. On peut déduire de la *juridictio* du Comité les conséquences immédiates de l'adoption des constatations. Il s'agit de l'extinction de l'instance (1) et du dessaisissement du panel d'experts dès l'adoption des constatations (2).

1- L'extinction de l'instance

188. Par opposition à l'action en justice, entendue comme « *la faculté de saisir la justice* »[321], ou même le *« droit pour l'auteur d'une prétention d'être entendu sur le fond de celle-ci afin que le juge la dise bien ou mal fondée.et pour*

[321] Japiot (R.), « Les actions et demandes en justice », *RTD Civ*, 1915, p. 419, spé p.420.

l'adversaire, l'action (...) de discuter le bien-fondé de cette prétention » [322], l'instance est l'appellation donnée du développement procédural découlant de la saisine du panel d'experts par une personne qui en est l'initiatrice. La notion d'instance semble avoir été oubliée dans la littérature du droit international. Cependant, elle s'entend comme la suite des actes et délais de procédure à partir de la requête initiale de la partie demanderesse jusqu'à l'adoption des constatations.

189. L'instance au terme de laquelle les communications individuelles sont examinées, est une *« réalité vivante [qui] se déploie dans un cadre précis, constitué par une série de principes directeurs, qui organisent son déroulement et président à son accomplissement* »[323]. Cette définition qui met en évidence l'aspect pratique de l'instance, fixe le cadre formel dans lequel les parties soumettent leurs prétentions au panel d'experts, lesquels sont tenus de rendre une « *décision* » que l'on appelle constatation. Cette décision est l'aboutissement et la fin de l'instance conduite conformément aux prescriptions prévues par le règlement intérieur. Les modes d'extinction à titre principal[324] et ceux à titre accessoire [325] sont marginaux voire inexistants. L'extinction de l'instance au titre des modes accessoires ne saurait davantage être prise en considération parce qu'elle ne constitue pas des constatations au fond.

---

[322] Conformément à l'article 30 du Code de procédure civile français.
[323] Guinchard (S.), Chainais (C.), Ferrand (F.), *Procédure civile. Droit interne et droit de l'Union européenne*, Dalloz, 31ème éd., 2012, p. 342.
[324] Il s'agit du désistement d'instance, la péremption d'instance, la caducité de la citation, le non-respect des délais, la renonciation à la poursuite de l'instance.
[325] Notamment l'extinction du fait de la disparition du caractère litigieux des droits, l'extinction de l'instance du fait du décès de l'une des parties.

190. Parler de l'extinction de l'instance devant le Comité amène à vérifier si cet organe connait des litiges ou différends. La jurisprudence du CDH ne permet pas de cerner la nature des affaires par elle examinées. Dans l'arrêt *Mavromatis*, la CPJI a considéré le différend et donc le litige, comme *« un désaccord sur un point de droit ou de fait, une contradiction, une opposition de thèses juridiques ou d'intérêts entre deux personnes »*[326]. Au regard de cette définition, on peut penser que le Comité est effectivement compétent pour connaitre des litiges dans sa fonction contentieuse. Dire donc que les constatations du Comité sont des décisions contentieuses revient à affirmer que les experts qui y siègent tranchent véritablement des litiges entre les parties.

191. Le Comité reçoit des plaintes en vertu du Protocole se rapportant au Pacte. D'ailleurs, *« tout État partie au Pacte qui devient partie au présent Protocole reconnait que le Comité a compétence pour recevoir et examiner des communications émanant de particuliers relevant de sa juridiction qui prétendent être victime d'une violation, par cet État partie, de l'un quelconque des droits énoncés dans le Pacte »*[327]. À l'analyse ; ces dispositions attribuent une compétence contentieuse au Comité. C'est pourquoi celui-ci peut être qualifié de *« quasi-juridiction »*[328]. Le caractère

---

[326] CPJI, *Concessions Mavromatis en Palestine*, arrêt du 30 août 1924 sur les exceptions préliminaires, Série A, n°2, p. 11. ; Lire aussi Combacau (J.) et Sur (S.), *Droit international public*, Montchrestien, Paris, 7ème éd., 2006, p. 554.

[327] Conformément à l'article 1 paragraphe 1 du Pacte.

[328] Sur cette notion, lire Santulli (C.), *Droit du contentieux international,* Coll Domat, droit public, Paris, Montchrestien, 2005, p. 80.

définitif des décisions du Comité tient de ses solutions définitives[329] et de l'interprétation absolue de la norme.

192. Même si *« certains États invoquent leur souveraineté pour affirmer qu'ils sont seuls à pouvoir interpréter le Pacte, le Comité des droits de l'homme s'impose comme l'autorité du Pacte »*[330]. La CIJ accorde même « *une grande considération à l'interprétation adoptée par [le CDH], spécialement établi en vue de superviser l'application du traité* »[331] même si elle refuse de s'y soumettre. Quoi qu'il en soit, le CDH a le monopole de l'interprétation des dispositions du PIDCP. Nulle part dans les textes fondateurs du Comité, il n'est fait référence à la CIJ ou à une autre juridiction internationale en cas de difficulté.

2- Le dessaisissement du panel des experts

193. *Lata sententia judex desinit esse judex*, est la formule latine qui exprime le principe de dessaisissement du juge. Ce principe n'est pas clairement exprimé par le règlement intérieur du Comité. On peut néanmoins le déduire de l'ensemble des dispositions qui organisent la procédure d'examen d'une plainte. En effet, celle-ci commence par la saisine du Comité et se termine par l'adoption des constatations à l'issue desquelles les experts vident leur saisine et épuisent leur pouvoir juridictionnel. « *Ces derniers se trouvent alors dessaisis de l'affaire sans*

---

[329] Vincent (J.) et Guinchard (S.), *Procédure civile*, Précis Dalloz, 26ème éd., 2001.
[330] Hennebel (L.*), La jurisprudence du Comité des droits de l'homme des Nations Unies : Le Pacte international relatif aux droits civils et politiques et son mécanisme de protection individuelle*, Bruxelles, Bruylant, 2007, p. 36.
[331] CIJ, *Ahmadou Sadio Diallo (République de Guinée) c. République démocratique du Congo,* Rec 2010, p. 639, paragraphe 66.

modifier à quelque titre que ce soit, le fond de leurs décisions. Ainsi, toute modification apportée ultérieurement au dispositif [des constatations] est contraire à [la chose constatée] »[332].

194. Le principe de dessaisissement des experts signifie que les experts sont dessaisis de la contestation qu'ils examinent une fois les constatations adoptées. Il leur est fait interdiction de connaitre à nouveau une prétention qui a fait l'objet d'un examen définitif. Dans ces conditions, les experts ne peuvent plus revenir sur leurs décisions même avec le consentement des parties. Cette conséquence de l'acte juridictionnel se comprend aisément : les experts ont rempli l'office pour lequel le règlement intérieur du Comité leur attribuait des pouvoirs de juridiction. L'adoption des constatations marquent l'achèvement de leur mission et il ne convient pas qu'ils puissent se « déjuge*r* » en reprenant l'instance.

195. Par ailleurs, le principe de dessaisissement des experts du CDH ne permet pas à un autre Comité d'examiner la même affaire. Le CDH a le monopole d'expertise lorsqu'il s'agit d'interpréter le PIDCP, d'examiner les rapports étatiques et d'évaluer les plaintes entre États ou les plaintes émanant d'une victime potentielle. Lorsqu'il est prouvé, le dessaisissement des experts débouche inéluctablement sur une décision d'irrecevabilité en vertu des dispositions du Protocole facultatif[333].

---

332 Cass civ, 26 juillet 1921, D.P 1925.1.46 ; Crim, 3 août 1933, Bull. crim, n°178.

333 Conformément à l'article 5 (2.a) du Protocole facultatif se rapportant au PIDCP.

B- Les conséquences à l'égard des parties

196. La mise en œuvre des constatations du Comité (1) est une conséquence qui découle de l'adoption de ces décisions au même titre que leur autorité qui s'impose aux parties (2).

1- La mise en œuvre des constatations du Comité

197. En s'intéressant à la définition du concept de mise en œuvre, on peut y voir l'ensemble des mesures qui doivent être prises pour assurer le plein respect de la règle de droit[334]. Mais il s'agit là d'une conception simpliste dont on ne peut se satisfaire. Plus précise est la définition proposée par Sandrine Maljean selon laquelle « *la mise en œuvre s'appréhende dans l'édiction des lois et la création des mécanismes garantissant à la fois l'effectivité et l'efficacité du droit (...) ainsi que son respect permanent* »[335].Cette définition satisfaisante dans le cadre de présente analyse met en exergue la mise en œuvre comme un ensemble de mesures législatives ou non ; visant à garantir l'implémentation des principes du Pacte dans les ordres juridiques des États parties. Ainsi compris, l'État convaincu des violations des droits civils et politique est tenu de mettre sur pied des mécanismes pour assurer l'application des constatations sur son territoire.

---

[334] Comité International de la Croix Rouge, « Mise en œuvre du droit international humanitaire : du droit à l'action », disponible [en ligne], www.icrc.org/fre/assets/files/other/mise_en_oeuvre_dih.pdf. (Consulté le 2 juin 2021).

[335] Maljean Dubois (S) ; « La mise en œuvre du droit international de l'environnement », *in Les notes de l'Institut du développement durable et les relations internationales*, n°4, Paris, 2003, p.22.

198. Deux raisons peuvent être évoquées pour justifier la mise en œuvre des constatations comme une conséquence qui s'impose à l'État responsable des violations des droits civils et politiques. La première tient du principe du *pacta sunt servanda.* En effet, les États Parties au Pacte sont tenus de donner plein effet aux « décisions » du Comité en vertu de leurs engagements aux fins de respecter et de garantir à tous les individus se trouvant sur territoire et relevant de leur compétence les droits reconnus dans le Pacte[336]. La deuxième quant à elle trouve son fondement dans le principe de la soumission de l'État aux « décisions » du Comité. Ce principe résulte en réalité du principe *pacta sunt servanda.* Dès l'adoption des constatations, l'État mis en cause se trouve lié par les termes des constatations. Cela signifie qu'il doit tirer toutes les conséquences de la « décisions ».

199. Après avoir cerné la notion de mise en œuvre, on pourrait s'interroger sur les modalités de mise en œuvre des « décisions » du Comité. Elles sont diversifiées et varient en fonction du droit violé. Néanmoins, les modalités de mise en œuvre appellent des abstentions et surtout des actes positifs[337] de la part de l'État responsable des violations des droits civils et politiques. L'État est tenu de s'abstenir de poser certains attentatoire au droit à la vie tels que la torture par exemple [338]. En ce qui concerne les modalités d'exécution positive, les hypothèses n'ont de limites que les illustrations jurisprudentielles, allant de l'adoption et

[336] Conformément à l'article 2.1 du PIDCP.

[337] Guyomar (M) et Seiller (B), *Contentieux administratif*, Dalloz, Hyper cours, 3ème éd. ; n°983.

[338] CDH, communication n°1033/2001, *affaire Singarasa c. Sri Lanka*, 12 juillet 2004, Communication n°959/2000, *affaire Bazarov c. Ouzbékistan*, 14 juillet 2006.

l'application des lois[339], en passant par l'ouverture des enquêtes sur les allégations de violations de droits civils et politiques[340], jusqu'à une panoplie kaléidoscopique de moyens de réparation[341]. Mais dans toutes les hypothèses, le même constat peut être fait. La mise en œuvre dépend d'un acte relevant de la compétence exclusive de l'État. Autrement dit, la mise en œuvre des « décisions » du Comité nécessite un acte dérivé de l'État mis en cause.

2- L'autorité de la chose constatée

200. Afin de parvenir à l'exécution, les constatations du Comité vont revêtir l'autorité de la chose constatée. L'on peut définir l'autorité de la chose constatée comme un principe procédural qui interdit la remise en cause, devant une autre quasi-juridiction des droits de l'homme, de ce qui a été constaté par le CDH s'agissant des violations des droits civils et politiques. Disposant ainsi du monopole d'expertise en matière d'interprétation du Pacte et de constatation des violations des droits civils et politiques, le CDH s'impose à tous comme la quasi-juridiction suprême

---

339 CDH, Observation générale n°20 relative à l'article 7 du PIDCP, paragraphe 13.

340 CDH, communication n°1250/2004, *affaire Rajapakse c. Sri Lanka,* 14 juillet 2006 ; communication n°1486/2006, *affaire Kalamiotis c. Grèce,* 24 juillet 2008 ; communication n°1033/2001, *affaire Gunaratna c. Sri Lanka*, 17 mars 2009.

341 CDH, communication n°1495/2006, *affaire Madoui c. Algerie*, 28 octobre 2008 ; communication n°1588/2007, affaire *Benaziza c. Algerie*, 26 juin 2010 ; communication n°1829/2008, affaire *Benitez Gamarra c. Paraguay*, 23 mars 2012 ; communication n°1327/2004, affaire *Grioua c. Algerie,* 10 juillet 2007, communication n°1863/2009, affaire *Maharjan c. Népal,* 19 juillet 2012.

de protection des droits civils et politiques dans le système *onusien* de protection des droits de l'homme.

201. La force obligatoire et la force exécutoire contribuent à évaluer l'autorité de la chose constatée des « décisions » du CDH. Il peut paraitre extraordinaire d'affirmer dans un système de *soft law* de protection de droit de l'homme que les constatations du Comité sont obligatoires et exécutoires. Pour ce qui est de la force obligatoire, on s'appuie sur deux éléments pour s'en convaincre. La formule rédactionnelle par laquelle le Comité conclu toujours ses décisions est assez révélatrice du caractère obligatoire de ses constatations en ces termes : « *Conformément au paragraphe 3 a) de l'article 2 du Pacte, l'État partie est tenu d'assurer à l'auteur un recours utile. Étant donné qu'en adhérant au Protocole facultatif l'État partie a reconnu que le Comité avait compétence pour déterminer s'il y avait eu ou non violation du Pacte et que, conformément à l'article 2 du Pacte, il s'est engagé à garantir à tous les individus se trouvant sur son territoire et relevant de sa juridiction les droits reconnus dans le Pacte et à assurer un recours utile et exécutoire lorsqu'une violation a été établie, le Comité souhaite recevoir de l'État partie, dans un délai de cent quatre-vingt jours, des renseignements sur les mesures prises pour donner effet à ses constatations* ».

On peut également voir en des constatations portant sur les violations des obligations objectives le caractère obligatoire. Ces obligations s'imposent aux États avec, ou le cas échéant, sans ou contre leur consentement parce qu'elles poursuivent la promotion de la condition de l'être humain en toutes circonstances[342]. Elles désignent des

[342] Touonang Tekendo (T.), *Les obligations objectives en droit international, op.cit.*, p. 30.

obligations absolues dont la mise en œuvre concourt à la sacralisation de l'homme et l'exaltation de l'Humanité[343]. Ce sont en général des interdictions impératives [344] ou principes intransgressibles[345] telles que l'interdiction de l'esclavage ou l'interdiction de la torture par exemple. Même si « *le CDH, qui a pourtant souvent fait preuve d'audace dans l'interprétation des instruments qu'il applique, n'ait pas saisi l'occasion d'une prise de position solennelle pour l'affirmer*»[346] il n'en demeure pas moins que les constatations du Comité sont revêtues de la force obligatoire entre les parties.

202. En ce qui concerne la force exécutoire, le CDH dispose des voies d'exécution pas forcées mais contraignantes de nature à rendre effectif ses « décisions ». « *Cette contrainte est formelle et consiste en un suivi continu d'actes duquel l'État ne peut se libérer que s'il exécute la chose constatée dans le sens où l'entend le Comité c'est-à-dire selon la res exsequenda. Cette chose qui résulte du suivi, se substitue à [la chose constatée] en tant que nouveau référent de contrôle des comportements étatique* »[347]. La procédure de suivi du CDH révèle que l'État responsable des violations des droits civils et politiques n'est pas libre de ses moyens

---

[343] Kamto (M), « La volonté de l'État en droit international » ; *RCADI*, vol. 310, 2004, pp. 9-488.

[344] CIJ, *affaire relative au personnel diplomatique et consulaire des États-Unis à Téhéran* (États-Unis c. Iran), 1979, Rec, p. 7.

[345] CIJ, *Licéité de l'utilisation des armes nucléaires par un État dans un conflit armé*, Avis consultatif, 1996, Rec, 226, p. 257, paragraphe 79.

[346] Kerbrat (Y), « Aspects de droit international général dans la pratique des comités établis au sein des Nations Unies dans le domaine des droits de l'homme 2008-2009 », *AFDI*, 2009, pp. 559-573.

[347] Fortas (A-C.), *La surveillance de l'exécution des arrêts et décisions des cours européenne et interaméricaine des droits de l'homme. Contribution à l'étude du droit du contentieux international* ; Pedone, Paris, 2015, 644p.

de mise en œuvre même si cette phase post-constatation relève de l'imperium de l'État.

Paragraphe 2- Les suites extrajudiciaires

203. Les suites extra-judiciaires englobent l'ensemble des actes de procédure postérieure à l'adoption des constatations. En effet, le CDH est tenu de porter à la connaissance des parties à l'instance (A), et du grand public les constatations qu'il a adoptées (B).

A- L'information des parties à l'instance comme condition de l'effectivité des constatations

204. Le Comité fait part à l'État et au particulier de ses constatations [348] ce qui contribue à assurer l'accomplissement des finalités du PIDCP et l'application de ses dispositions selon le préambule du Protocole[349]. Cette technique d'informer les parties à l'instance, prendra la forme d'une notification internationale par voie diplomatique à destination de l'État (1) ou d'une notification ordinaire s'agissant de la victime des faits (2).

1- La notification par voie diplomatique à l'attention de l'État

205. Réalisée par voie officielle ou privée, la notification diplomatique, peut se définir *« comme la procédure par laquelle une information est transmise à son*

[348]Conformément à l'article 5(4) du Protocole facultatif se rapportant au Pacte international relatif aux droits civils et politiques.
[349] Conformément à l'article 100 (3) du règlement intérieur du Comité.

destinataire »[350]. Elle est précisément la procédure par laquelle un acte est communiqué officiellement à un État. Faite par l'intermédiaire d'une tierce personne, elle peut prendre la forme d'une signification diplomatique, même si la différence sémantique entre la notification et la signification est inopérante en droit international. La notification en elle-même, quoi que par voie diplomatique, est indispensable à l'effectivité des constatations adoptées par le Comité. Elle participe quoi qu'il en soit, à l'équité de la procédure[351] en vigueur devant le CDH. Pour que l'État puisse donner plein effet aux constatations, encore faut-il qu'il en soit tenu informé. Le suivi des « décisions » du Comité par le rapporteur spécial a pour corollaire le droit pour l'État de recevoir communication des constatations. La capacité du comité à surveiller la mise en œuvre de ses décisions peut donc résulter de ses moyens de transmission de la décision à l'État défendeur.

206. Toutefois, la transmission par voie diplomatique, n'est pas formellement organisée par le Protocole, encore moins le règlement intérieur du Comité. Il ressort néanmoins de la lecture du règlement intérieur que le CDH assure la notification de ses constatations à l'État. C'est ce qui ressort d'ailleurs de l'interprétation des dispositions de l'article 5(4) du Protocole qui dispose que *« Le Comité fait part de ses constatations à l'État partie intéressé et aux particuliers »*. À ce titre, il remplit la fonction large de communiquer à tous les acteurs de la procédure ses décisions ou autres actes de procédure indispensables au règlement du litige. Lorsqu'on évoque la question de la notification diplomatique à la charge du Comité, c'est en

---

[350] Cornette (F.), *La notification internationale des actes,* Thèse, Rouen, 2011, p. 18.

[351] CEDH, 31 mai 2007, *Miholapa c. Lettonie*, paragraphe 19, D 2007. 2429.

réalité son secrétariat général qui en est compétent[352]. Cette obligation pourrait être considérée comme une excroissance de la mission de suivi qui ressortie de la compétence du CDH. La pratique a permis de remarquer que la notification diplomatique se fait dans le respect des règles de notification à l'étranger des actes judiciaires[353], lesquelles dominent la réglementation en droit international.

207. Si la voie diplomatique est symptomatique à la préservation de l'immunité de l'État et de l'institutionnalisation d'une entraide judiciaire, pour autant la problématique ne portera pas sur l'aspect juridique de la notification, mais plutôt sur les modalités pratiques de la mise en œuvre des dispositions de l'article 5 (4) du Protocole et l'article 100 (3) du règlement intérieur relatives à la communication des constatations à l'État. Ces modalités doivent être rapides et sécurisées.

Y a-t-il un délai pour le Comité de faire part de ses « décisions » aux partie ? La négation est la réponse apportée à cette question. Néanmoins, le CDH doit faire part de ses constatations dans un délai raisonnable pour espérer une réaction effective et efficiente de l'État responsable des violations des droits civils et politiques. Les précisions théoriques ainsi faites, la pratique du Comité a permis de se rendre compte de ce que la notification internationale peut emprunter le circuit dit « *long* » ou la voie diplomatique indirecte. Cette voie consiste en effet à

---

[352] Article 23 : « Le Secrétaire général assure le secrétariat du Comité et des organes subsidiaires qui peuvent être créées par le Comité. Le Secrétaire général met à la disposition du Comité le personnel et les moyens matériels qui lui sont nécessaires pour s'acquitter efficacement des fonctions confiées au Comité en vertu du Pacte ».

[353] Voir la convention de La Haye du 15 novembre 1965 relative à la signification à l'étranger des actes judiciaires et extrajudiciaires en matière civile et commerciale.

communiquer l'acte par le biais de l'Ambassade, via le ministère des affaires étrangères pour être réceptionné par le ministère de la justice de l'État concerné. Cette modalité « *s'avère être la technique la plus formelle en raison du nombre d'intermédiaires et de la qualité de ceux-ci. Cette méthode assure le respect de la souveraineté de l'Etat de destination de l'acte parce qu'il fait intervenir des autorités émanant directement des gouvernements* »[354].

208. La technique de la notification diplomatique indirecte est davantage protectrice des souverainetés étatiques dans le cadre des relations entre deux entités qui ne sont pas liées par une convention internationale. En revanche, la voie diplomatique directe ou le circuit dit « *court* », consiste à mettre à contribution le Secrétaire du Comité qui transmet directement au Ministère de la justice de l'État mis en cause la décision du Comité. Cette méthode s'accommode moins de l'intervention-obstacle de plusieurs intermédiaires.

2- La notification en la forme ordinaire à l'attention du requérant

209. Le principe de la notification des constatations aux particuliers, ou plus précisément à la victime des violations du Pacte, est posé par les articles 5 (4) du Protocole et 100 (3) du règlement intérieur du CDH. Au même titre que la notification internationale par voie diplomatique, la notification classique s'inscrit au rang des diligences formelles que le CDH doit accomplir après l'adoption de ses décisions. En effet, si le droit à l'information du particulier ne fait l'ombre d'aucun doute dans la phase dite de l'exécution des constatations, une telle prérogative

---

[354] Cornette (F.), *La notification internationale des actes*, Thèse, *op.cit.*, p. 171.

amène néanmoins à s'interroger sur son intérêt, étant donné que la victime est peu active dans la mise en œuvre des procédures contentieuses devant le CDH. L'on a l'impression que la notification évoquée par les textes sus cités confère aux particuliers le droit d'intervenir dans la phase exécutoire des constatations. Loin s'en faut ! L'exécution des décisions du Comité incombe totalement à l'État mis en cause. C'est la raison pour laquelle la présence de la victime à cette phase de la procédure est inopportune voire inutile, parce que les obligations contenues dans le PIDCP sont des obligations qui incombent aux seuls États.

210. La formalité de notification n'est pas sans intérêt. L'information que doit recevoir le requérant est une condition essentielle à l'effectivité de ses droits processuels. Sans le relever clairement, la notification des décisions du Comité en la forme ordinaire est la manifestation concrète du droit à l'information, gage d'une procédure équitable[355]. Cependant, le règlement intérieur ne fixe aucune règle applicable à la procédure de notification internationale en faveur des personnes privées. Les textes dérivés du Comité se sont contentés d'indiquer que la formalité de notification est en même temps une obligation à la charge du Comité et un droit reconnu aux particuliers. Il convient donc de rechercher à travers les dispositions du règlement intérieur et du Protocole facultatif, ce qui peut tenir de droit processuel de la notification internationale en la forme ordinaire.

211. Moins formelle que la notification par voie diplomatique, la notification internationale en la forme classique commence d'abord par l'identification de l'auteur et du destinataire de la notification. La détermination de ces derniers ne pose pas de problèmes particuliers. À titre de

[355] Conformément à l'article 14 du PIDCP.

rappel, le Comité, par l'entremise de son secrétariat, est l'émetteur de la notification. Quant au destinataire, le règlement intérieur désigne le requérant comme tel. Son identification relève du bon sens et ne semble pas devoir être appréhendée juridiquement. Le destinataire est celui qui est concerné par l'acte et à qui l'acte doit être remis[356]. C'est en tout état de cause le domicile réel du requérant qui est ici concerné. Toutefois, en cas de représentation à l'instance par une tierce personne habilitée à le faire ou par un avocat[357], la détermination du destinataire ne relève plus du bon sens à en croire Cornette Fany [358]. C'est le représentant ou le mandataire du particulier qui reçoit, à son domicile élu, notification des actes de procédure en général, et les constatations en particulier.

212. Ensuite, la détermination des modalités de transmission au destinataire est la deuxième étape de la procédure. Outre la rapidité et la sécurité qui sont aussi exigées, les rédacteurs du règlement intérieur du Comité ou même de la Convention de La Haye de 1965 sur la signification et la notification des actes de procédure, ne l'ont pas toujours défini. L'on a pu observer dans la pratique que la notification internationale s'accommode fréquemment des modes de notification en la forme ordinaire, c'est-à-dire le pli postal tels que la lettre

---

[356] Cornette (F.), *La notification internationale de l'acte,* Thèse, *op.cit.*, p. 67.

[357] Il n'est pas nécessaire qu'une communication soit présentée par un avocat qualifié. Néanmoins, dans la mesure du possible, il est préférable que la victime dispose d'une assistance juridique pour rédiger et présenter sa requête. L'intervention d'un avocat dans le processus de rédaction de la requête devrait permettre de présenter une communication de meilleur qualité et ainsi d'augmenter les chances du requérant d'obtenir gain de cause. Lire à ce sujet Fiche d'information n°7/Rev.2 (2013), p. 2.

[358] *Ibid.*

missive[359], la lettre recommandée avec avis ou accusé de réception[360] ou la lettre simple au regard de la souplesse de la procédure. Le privilège de la notification des constatations en la forme ordinaire semble être la procédure de droit commun, en raison certainement de l'éloignement très souvent du *locus standi* du Comité par rapport au *locus delicti* qui est dans tous les cas, le domicile du particulier. On comprend alors l'exclusion de la remise *intuitu personae* des actes de procédure contre décharge ou récépissé.

213. En somme, la signification classique sous forme papier domine la procédure de notification internationale des constatations en la forme ordinaire. Sous cette observation, il convient de s'interroger sur la possibilité d'une notification internationale par voie électronique. *A priori*, la notification internationale par voie diplomatique et en la forme ordinaire semble inadaptée à la notification par voie électronique. Cela peut se justifier par le fait que la souveraineté de l'État qui doit être protégée dans la voie diplomatique, est une question réelle à la charge du ministère des affaires étrangères et du ministère de la justice lesquels interviennent inéluctablement dans la procédure de notification.

B- L'information du grand public

214. Le comportement illicite de l'État sera rendu public par le biais d'un rapport annuel. Celui-ci vise à stigmatiser

---

[359] Cosnard (H.-D.), « La lettre missive, acte de procédure », D. 1960. *Chrono*. 97.

[360] Debray, « La lettre recommandée dans la procédure civile et commerciale », D. 1968. *Chron*. 155. A

l'État auteur des violations des droits civils et politiques (1) et l'État réticent à la coopération (2).

1- La publication des rapports annuels en vue de stigmatiser les actes de violation des droits civils et politiques imputés à l'État

215. La question de la stigmatisation ou de la dénonciation du comportement illicite de l'État vient alimenter le débat sur la positivité des constatations du CDH. En effet, « *le fait qu'un État ne donne pas suite aux constatations du Comité dans une affaire donnée est connu de tous par la publication des décisions du Comité* »[361]. Si l'on s'attache à la connotation répressive et punitive de la sanction, on conclura à l'absence d'une sanction devant cet organe. S'en tenir à ce point de vue fera montre de superficialité. En réalité le CDH a son propre système de sanction contre l'État qui veut se soustraire de ses obligations conventionnelles. La stigmatisation qui commence dès l'adoption des constatations, repose pour l'essentiel sur la publication des violations constatées en vertu du Protocole. Elle agit sur l'État dont les agissements ont été établis comme attentatoires aux droits protégés en vertu du Pacte. Il est tout de même opportun de s'interroger sur la stigmatisation de l'État.

216. La stigmatisation opère comme une sanction en ce qu'elle agit sur le comportement de l'État responsable des violations des droits civils et politiques. Très gênant pour les États, la publication des violations étatiques des droits de l'homme exerce une pression sur les États tels qu'ils sont très souvent amenés à réagir conformément aux

[361] CDH, Observation générale n°33 sur les obligations des États Parties en vertu du Protocole facultatif se rapportant au PIDCP (CCPR/C/GC/33), 25 juin 2009.

recommandations du Comité. Par exemple, le Comité a l'habitude de déplorer les forfaitures de l'État en ces termes : « *l'État partie a été invité à présenter au Comité des informations sur la recevabilité et le fond de la communication. Le comité constate que ces informations ne lui sont pas parvenues, bien que l'État partie ait indiqué, dans une note (...) qu'elles seraient formées prochainement. Le Comité regrette que l'État partie n'ait fourni aucun renseignement quant à la recevabilité et au fond des griefs de l'auteur (...)* »[362]. Plusieurs comités ont développé une pratique qui consiste à rendre publiques certaines constatations ou lettre de rappel adressée au préalable par voie officielle et privée à un État, si ce dernier adopte une attitude manifeste de non-coopération.

217. L'accent porté sur la stigmatisation de l'État semble plus adapté dans le contentieux international des droits de l'homme. Il s'agit en effet d'une sanction morale ou psychologique qu'il convient de renforcer en l'absence de véritables sanctions contraignantes. Quoi qu'il en soit, « *la stigmatisation d'un État par la publication des rapports, dans des résolutions ou même des débats, lors des conférences des parties, est renforcée par la présence des organisations non gouvernementales qui servent [très souvent] de relais auprès des opinions publiques* »[363]. Dans la pratique, la stigmatisation semble produire efficacement les effets escomptés sur les États moins développés et moins démocratiques par rapport aux États développés. Ces

---

362 CDH, Communication n°1186/2003, *affaire Dorothy Kakem Tiatiahonjo c. Cameroun*, 26 octobre 2007, paragraphe 4 ; Communication n°1353/2005, Constatations, *Philip Afuson Njaru c. Cameroun,* 19 mars 2007, paragraphe 4.

363 Maljean-Dubois, « La mise en œuvre du droit international de l'environnement », *note de l'IDDRI*, n°4, 2003, p. 43.

derniers sont souvent disposés à se conformer aux décisions du Comité.

2- La publication du rapport annuel en vue de stigmatiser les actes de non coopération imputés à l'État

218. Une fois les constatations adoptées et les notifications faites, l'on peut encore observer au chapitre des conséquences, une coopération bilatérale et dynamique qui s'établit entre le Comité et l'État. La coopération qui naît commence dès l'examen effectif des plaintes individuelles. Le terme coopération n'est pas clairement défini par les textes qui régissent le fonctionnement du CDH. En ratifiant le Protocole, l'État Partie s'engage à coopérer avec le Comité et à lui fournir toutes les informations nécessaires sur le fondement du principe de bonne foi. En reconnaissant d'ailleurs *« la compétence du Comité pour recevoir et examiner des communications (...)* »[364], l'État mis en cause s'engage ainsi à coopérer avec le Comité jusqu'à la mise en œuvre satisfaisante des « décisions » adoptées.

219. L'obligation générale de coopérer est la première obligation d'un État Partie au Protocole[365]. La coopération qui intervient postérieurement à l'adoption des constatations vise à en faciliter la mise en œuvre. C'est pourquoi l'État mis en cause est tenu par exemple, de fournir tout renseignement pertinent que pourrait demander le Comité afin d'évaluer les besoins et les mesures à prendre pour renforcer la protection des personnes victimes des

[364] Conformément à l'article 41 du PIDCP.

[365] CDH, Observation générale n°33 sur les obligations des États Parties en vertu du Protocole facultatif se rapportant au PIDCP (CCPR/C/GC/33), 25 juin 2009.

violations des droits civils et politiques[366]. Le suivi efficace des « décisions » du Comité dépendra donc de cette coopération en ce qu'elle est le cadre qui prépare l'intervention du rapporteur spécial chargé du suivi des constatations.

220. En tout état de cause, la surveillance de l'application et l'examen des violations des dispositions du Pacte doivent être évalués à l'aune de la coopération post-constatation sus analysée. Cette phase permet au rapporteur spécial d'effectuer un contrôle réel sur les suites des constatations.

Section 2 - Le contrôle réel des suites demandées

221. Les suites demandées par le Comité conformément à l'article 2(2) du Protocole renvoient à la mise en œuvre de ses constatations. C'est l'occasion pour le rapporteur spécial d'élaborer un rapport de suivi (Paragraphe 1) assorti de recommandations (Paragraphe 2).

Paragraphe 1- L'élaboration du rapport intérimaire de suivi

222. Le rapport périodique[367] comprend un résumé de l'ensemble des renseignements fournis par les parties à l'instance (A) et une partie consacrée au monitoring ou à l'évaluation de ces renseignements (B).

---

[366] Conformément à l'article 2(2) du PIDCP.

[367] Conformément à l'article 101 (3) du règlement intérieur du CDH.

A- Le résumé des renseignements fournis par les parties à l'instance

223. Ce sont des informations relatives à l'état d'exécution des constatations du Comité. Elles sont communiquées au rapporteur spécial par l'État mis en cause (1) ou éventuellement par l'auteur de la communication (2).

1- L'obligation étatique de fournir les renseignements au rapporteur spécial

224. Les États qui ont ratifié le Protocole s'engagent à respecter et à garantir à tous les individus se trouvant sur leur territoire et relevant de leur compétence les droits reconnus au Pacte. En vertu de cette obligation, ces États doivent renseigner le rapporteur spécial chargé du suivi des constatations sur l'état d'exécution de ces décisions, ainsi que les dispositions prises pour les publier. Sous forme de compte rendu ou de rapport de bonne foi, l'État est invité à informer le Comité sur les actions qu'il a menées à cet effet dans le respect d'un délai de 180 jours[368], à compter de la notification par voie diplomatique de la décision. Diverses et variées, ces mesures peuvent être adoptées en fonction des dispositions du Pacte violées. Selon qu'il s'agit des violations portant sur le respect du procès équitable, la mesure qui sera prise sera de nature judiciaire. S'il s'agit par exemple des assurances et garanties de non répétition du fait illicite, l'État devra procéder à des réformes normatives et institutionnelles.

225. Les renseignements communiqués sont les preuves de ce que l'État a accompli son obligation de faire ou plus

[368] Le règlement intérieur du CDH n'a pas expressément prévu ce délai qui semble résulter de la pratique.

précisément de protéger l'individu, et du devoir du Comité de s'assurer que l'État incriminé s'est conformé à ses recommandations. La pratique du Comité a montré que la production des renseignements est en réalité la preuve de ce que l'État s'est conformé à se obligations internationales. C'est la raison pour laquelle l'État mis en cause peut relever à l'attention du rapporteur spécial ses difficultés à exécuter les constatations. Il peut même exprimer son désaccord sur l'interprétation d'une disposition du Pacte dont la violation a été constatée. Ainsi par exemple, « *concernant le paragraphe 2 de l'article 9, l'État Partie n'est pas d'accord avec les constatations du Comité dans la mesure où le terme arrestation ne s'applique pas dans ce contexte, les auteurs n'ayant pas été arrêtés au sens ordinaire du terme qui s'utilise dans un contexte pénal. L'État Partie n'est non plus d'accord avec l'interprétation que le Comité a faite au paragraphe 4 de l'article 9 en l'espèce (...)* »[369].

226. L'obligation de rendre public les constatations à la charge de l'État convaincus des violations des droits civils et politiques fait aussi partie des renseignements à communiquer au rapporteur spécial. Les motifs des constatations doivent être publiés dans un bulletin public à diffusion générale accessible à tous.

2- Le droit pour le requérant de fournir les contre-renseignements

227. Le rapporteur spécial recourt aussi aux renseignements émanant de l'auteur de la communication ou de son conseil

---

369 CDH, Communication n°2094/2011, *F .K.A.G et consorts c. Australie, n°2136/2012, M.M.M et consorts c. Australie,* Constatations adoptées les 25 et 26 juillet 2013, « renseignements communiqués par l'État Partie le 17 décembre 2014 ».

pour la rédaction de son rapport de suivi. Cette démarche qui ne ressort pas clairement du règlement intérieur du Comité, est évidemment importante pour la production d'un rapport objectif et par ailleurs un gage de l'efficacité du mécanisme de suivi. Sans doute, la seule source d'informations venant de l'État mis en cause ne saurait suffire à rendre compte de l'exécution des constatations et de la situation des droits humains qui prévaut dans cet État. Le requérant ou son conseil est encouragé dans cette circonstance à fournir les informations ou renseignements de suivi sous forme d'un rapport parallèle. Ces informations sont rendues publiques sauf observation contraire de l'auteur de la plainte. La pratique de la procédure de communication des informations permet d'observer comme un rebondissement de la procédure contradictoire qui a prévalu pendant l'examen au fond de la plainte. C'est davantage de nouvelles dénonciations de violations des droits protégés qui en ressortent.

228. Il ne fait l'ombre d'aucun doute que la victime des violations des droits civils et politiques ou son conseil, contribue à l'évaluation et au contrôle de la mise en œuvre des constatations du Comité en mettant son propre rapport à la disposition du rapporteur spécial. Ce document permet de dénoncer très souvent la mauvaise foi de l'État mis en cause qui s'obstinerait à ne pas se conformer aux recommandations du CDH. La notion de renseignements doit être perçue ici comme l'expression d'une consultation à l'initiative du rapporteur spécial. On a donc remarqué ici une forte participation de l'individu dans la procédure de suivi des constatations du Comité. C'est pour cette raison qu'on a pensé à l'émergence d'une « *forme de consultation formelle qui donne naissance à une nouvelle tendance de suivi de la mise en œuvre des obligations de l'État, une* *tendance fondée sur l'implication directe des entités non étatiques privées* »[370].

229. De ce qui précède, la procédure de suivi apparaît dès lors comme une procédure discutée et non négociée. Certains États la considèrent non pas comme un moment de dialogue sur les modalités de mise en œuvre des constatations, mais plutôt une occasion de remettre en cause les observations du Comité [371]. C'est pourquoi les conclusions présentées par le rapporteur spécial sont au demeurant des rapports contradictoires.

B- L'évaluation des renseignements fournis par l'État mis en cause

230. Partie intégrante du rapport spécial résumant l'ensemble des renseignements communiqués [372], l'évaluation des réponses de l'État mis en cause, est un outil de mesure de performance de l'action du Comité vis-à-vis de cet État. Cette performance est évaluée par application des critères définis par la procédure de suivi des observations finales. Ces critères sont divers et variés. On essaiera de les systématiser en s'intéressant d'une part à l'évaluation du degré de collaboration de l'État incriminé

---

[370] Hicham (B.), « Les rapports alternatifs dans le système de protection des droits de l'homme de l'ONU », notes de recherche, 16 avril 2016, *RQDI*, https//www.sqdi.org/fr/rapports-alternaifs-système-de-protection-droits-de-lhomme-de-lonu

[371] CDH, *F.K.A.G et Consorts c. Australie ; M.M.M et Consorts c. Australie*, 25 et 26 juillet 2013, « renseignements communiqués par le conseil des auteurs le 04 mars 2015 et transmis à l'Etat partie le 12 mars 2015 ».

[372] À sa 109ème session, le Comité avait décidé de faire figurer dans ses rapports sur le suivi des constatations une évaluation des réponses de l'État.

(2) et d'autre part à l'évaluation de la nature et l'incidence des mesures d'exécution (1).

1- L'évaluation de la nature et de l'incidence des mesures d'exécution

231. Le rapporteur spécial évalue les réponses de l'État sur la base des appréciations subjectives qui varient entre les mesures « satisfaisantes », « *partiellement satisfaisantes* » et « *non satisfaisantes* »[373]. Sur l'échelle d'appréciation, la réponse ou mesures satisfaisantes occupent le sommet de la pyramide. Elle signifie que l'État Partie a pris toutes les mesures suffisantes, voire efficientes pour se conformer aux constatations et recommandations du CDH. Exprimées par la mention « A », ces réponses n'appellent pas des informations complémentaires de la part de l'État mis en cause. Dans ce cas, la procédure de suivi des constatations prend fin. Au milieu de l'échelle, le rapporteur spécial peut recourir aux « réponses ou mesures partiellement satisfaisantes ». Ici, « l'État *fait preuve de bonne volonté, réelle ou apparente, dans le suivi et la mise en œuvre des décisions du Comité, mais toutes les mesures suggérées ne sont pas adoptées ou le sont de manière insuffisante* »[374]. Cette évaluation est exprimée par la lettre « B ». Elle signifie que l'État mis en cause a pris quelques mesures pour se conformer aux orientations du Comité, mais des renseignements supplémentaires demeurent nécessaires.

---

[373] CDH, CCPR/C/108/2, « note du Comité des droits de l'homme concernant la procédure de suivi des observations finales » adoptée par le Comité à sa 108ème session, 8-26 juillet 22013.

[374] Hennebel (L.), « Chronique des décisions du Comité des droits de l'homme », *op.cit.*

Dans ce cas, l'appréciation du rapporteur spécial portera la mention « B1 ».

232. En revanche, la mention « B2 » indique que l'État Partie doit prendre des mesures complémentaires et fournir davantage d'informations au CDH. En pareille situation, le rapporteur spécial chargé du suivi des constatations sollicite donc des informations supplémentaires à présenter dans un délai imparti ou dans le prochain rapport périodique. Ce rapport va porter sur les points précis de la réponse précédente du rapporteur spécial qui appelle des clarifications, ou bien sur les mesures supplémentaires prises par l'État pour mettre en œuvre les constatations du Comité. La mention « C1 » sera alors décernée à cet État, et la mention « C2 » sera portée dans le rapport spécial destiné au suivi des constatations. Dans cette hypothèse, le rapporteur spécial demande des informations complémentaires concernant les mesures prises pour mettre en œuvre la recommandation. Cette dernière appréciation permet de mesurer la bonne foi d'un État dont l'attitude est souvent qualifiée par la doctrine de « rebelle » en ce que *« l'État conteste directement l'autorité du Comité et marque son désaccord avec les constatations »*[375].

233. Les mentions A et B permettent de noter que *« l'impact du Comité sur la situation des droits de l'homme est réelle et que les recommandations du Comité permettent aux États de mieux garantir les droits civils et politiques »* [376]. Dans tous les cas, les appréciations négatives du comportement de l'État laissent entrevoir l'hypothèse d'un dialogue entre le rapporteur spécial et ce dernier. En somme, les jugements de valeurs sus relevés

---

[375] *Ibid.*

[376] Castiel (C.), *Le Comité des droits de l'homme des Nations Unies, op.cit.*, p. 50.

permettent au rapporteur spécial de conclure aussi bien sur les délais et la qualité des réponses, que sur les effets des constatations dans l'ordre juridique étatique.

2- L'évaluation du degré de collaboration de l'État mis en cause

234. Le fait pour l'État de ne pas coopérer avec le Comité dans le cadre d'une procédure contentieuse, signifie que l'État n'a pas renseigné le rapporteur spécial sur les mesures qu'il a prises en exécution des recommandations de suivi. La mention « D1 » est très souvent décernée dans cette hypothèse. Cette mention signifie que l'État mis en cause n'a pas fourni d'information malgré le(s) rappel(s) à lui adressé(s) par le rapporteur spécial. Cette défaillance peut faire l'objet d'une publicité. S'agissant de la mention « E » cependant, elle permet d'apprécier les situations dans lesquelles l'État a adopté des mesures qui pourraient être contraires aux recommandations du Comité. Cette notation permet de mettre en évidence l'attitude rebelle de l'État mis en cause.

235. Le rapporteur spécial chargé du suivi des constatations transmet à l'État sa lettre de suivi avec ses analyses, en indiquant dans la partie intitulé « Évaluation du Comité », les recommandations qu'il faut adopter pour une mise en œuvre satisfaisante des constatations du Comité. Dans la plupart des cas des renseignements supplémentaires sont demandés à l'État mis en cause. Ces renseignements ou réponses de suivi doivent parvenir au CDH avant le début d'une autre session au cours de laquelle elles seront examinées. Que se passe-t-il lorsque l'État refuse de dialoguer ? Le Comité dans cette situation prendra, à l'occasion de ses observations finales, des mesures qui s'imposent en l'absence de rapport ou de réponses de l'État.

Paragraphe 2- Les recommandations du rapporteur spécial

236. Le rapporteur spécial *« recommande au comité les mesures complémentaires qui peuvent être nécessaires »*[377] (A) à la mise en œuvre satisfaisante des constatations. Comme *« une invitation à adopter un comportement déterminé »*[378], ces recommandations sont répercutées à l'État responsable après adoption (B).

A- La proposition au Comité des mesures complémentaires

237. La proposition consiste en des mesures complémentaires et nécessaires, destinées à amener davantage l'État à se conformer à ses obligations conventionnelles. Elles sont discutées (1) et adoptées dans le cadre d'une session qu'on pourra appeler session de suivi (2).

1- La discussion des mesures complémentaires en sessions de suivi

238. À la suite de son rapport intérimaire sur la suite donnée aux constatations, le rapporteur spécial est autorisé à faire des recommandations par voie de rapport au CDH, lequel

---

[377] Conformément à l'article 101(2) du règlement intérieur du CDH.

[378] Virally (M.), « La valeur juridique des recommandations des organisations internationales », *AFDI,* vol 2, 1956, pp. 66-96.

tient des sessions à cet effet. Entendue comme une « *période pendant laquelle une assemblée délibérante peut également tenir ses séances et exercer ses attributions* »[379], la session de suivi est une période post constatation au cours de laquelle le panel des experts du Comité examine le rapport de suivi. Elle semble se distinguer des sessions ordinaires réglementées par les dispositions générales du règlement intérieur[380] parce que celles-ci se rapportent directement à l'activité contentieuse du Comité ou à l'examen des rapports. Mais cette distinction est une vue de l'esprit cartésien. Il faut scruter les dispositions de l'article 1(2) du règlement intérieur rédigées en ces termes : « *les sessions ordinaires du Comité sont convoquées aux dates fixées par le Comité en consultation avec le Secrétaire général de l'Organisation, compte tenu du calendrier des conférences approuvé par l'Assemblée générale* », pour s'apercevoir que les sessions dites de suivi ressortent de la nomenclature des sessions envisagées par les rédacteurs du règlement intérieur.

239. Si le suivi fait partie des fonctions essentielles du Comité, on peut donc penser que les « *sessions de suivi* », fussent-elles convoquées postérieurement à l'adoption des constatations, sont à la vérité des sessions qui permettent au Comité de s'acquitter de façon satisfaisante de ses missions. Quoi qu'il en soit, les « *sessions de suivi* » d'une manière générale ne sont pas une modalité entièrement à part en droit des organisations internationales. Cependant, les sessions au cours desquelles les recommandations du rapporteur spécial sont examinées, s'accommodent du régime des sessions ordinaires du Comité convoquées et approuvées par l'Assemblée Générale et après consultation

---

[379] Cornu (G.), *Vocabulaire juridique*, Association Henri Capitant, Puf, 11ème éd., p. 965.
[380] Lire les articles 1 à 5 du règlement intérieur du CDH.

du Secrétaire général de l'Organisation des Nations Unies[381] . Trois critères peuvent permettre de définir la session ordinaire. D'abord, elle est constituée à une date précise et préfixe. Ensuite, il y a session ordinaire lorsque les conditions de sa tenue ont préalablement été examinées Elle se tient d'office à l'initiative du rapporteur spécial, dans le but bien compris d'apprécier la pertinence du rapport spécial. Enfin, l'ordre du jour qui porte évidemment sur les modalités d'adoption des mesures complémentaires. Session ordinaire ou *« peu ordinaire »*[382], la session de suivi devrait permettre un *« débat participatif, axé sur les résultats et viser à obtenir des résultats pratiques »*[383].

240. La tenue périodique des sessions suscite néanmoins des interrogations sur la permanence des activités de suivi du rapporteur spécial. En effet, le contrôle de l'exécution des constatations du CDH n'est pas un événement, mais un processus continu dans le temps. C'est la raison pour laquelle la compétence temporelle[384] du rapporteur spécial peut se confondre avec la compétence permanente du CDH. C'est en ces termes qu'on pose la problématique de la continuité de la procédure de suivi des constatations dans le système *onusien* de protection des droits de l'homme. Jusqu'à leur exécution satisfaisante, la procédure continue de contrôle des constatations du Comité est un élément essentiel à la compréhension des sessions de suivi. Il signifie que toutes les fois que l'État n'aura pas exécuté

---

[381] Conformément à l'article 2 (1) du règlement intérieur du CDH.

[382] Mourgeon (J.), « Les sessions peu ordinaires de l'Assemblée Générale des Nations Unies », *AFDI*, vol 25, 1979, pp. 491-500.

[383] Zani (M.), « Le Conseil des droits de l'homme des Nations Unies. Un mécanisme d'affaiblissement ou de renforcement des procédures de contrôle ? », *Études internationales,* 39 (3), pp. 433-452.

[384] Laval (P.F.), *La compétence ratione temporis des juridictions internationales*, Thèse, Université Montesquieu Bordeau, IV, 2011, 670 p.

d'une manière optimale les recommandations du Comité, celui-ci ne peut s'affranchir de l'emprise de cette quasi-juridiction ou de son rapporteur spécial. On peut alors comprendre l'intérêt d'avoir institué dans le système universel de protection des droits de l'homme, les sessions de suivi. Elles ont été pensées dans le but de garantir un contrôle de proximité de l'exécution des constatations du CDH. En tout état de cause, les sessions dites de suivi sont des instances qui permettent au Comité de purger toutes les difficultés d'exécution permettant ainsi *« aux Etats de respecter les constatations [adoptées] par celui-ci »*[385] .

2- L'adoption des mesures complémentaires en session de suivi

241. Les mesures complémentaires sont adoptées par consensus conformément à la pratique des Nations Unies[386]. Cette procédure renvoie à l'approbation par les experts, du rapport spécial contenant des recommandations ou des mesures complémentaires, nécessaires à l'exécution satisfaisante des décisions du Comité. Ce moment d'interaction entre le CDH et son rapporteur spécial, fait de la soumission du rapport sur les mesures complémentaires, une procédure décisionnelle autonome. L'adoption du rapport est ici considérée comme le résultat d'un processus qui consiste en la consultation préalable des experts réunis en session. Au cours des travaux, il appartient au rapporteur spécial de présenter d'une manière circonstanciée la teneur

[385] Côté-Harper (G.), « Le Comité des droits de l'homme des Nations Unies », *Les Cahiers du droit,* 28(3), pp. 533-546.
[386] Cassan (H.), « Le consensus dans la pratique des Nations Unies », *AFDI,* vol 20, 1974, pp. 456-486 (à la page 474).

de son rapport afin d'emporter l'assentiment du Comité siégeant en collégialité.

242. La procédure de soumission et d'adoption subséquente des mesures complémentaires n'est pas à proprement parler, définie par les textes fondateurs du Comité. Toutefois, on peut penser que c'est une procédure collégiale dont les experts en sont les principaux acteurs. Pour qu'une session puisse se tenir dans ces conditions, il faudra que le quorum soit atteint conformément au règlement intérieur du CDH qui a prévu un panel de dix-huit experts à cet effet. Le panel ainsi constitué, les experts pourront mutuellement se consulter dans le cadre d'une procédure d'adoption négociée.

243. La consultation consensuelle qui caractérise la prise des décisions du CDH, *« répond à la triple caractéristique d'être menée de groupe à groupe, (...) de se dérouler en dehors de tout formalisme et d'être dirigée par le président de l'organe »*[387]. Les experts du CDH ont la possibilité de formuler des opinions individuelles. D'ailleurs, « *tout membre du Comité qui a pris part à une décision peut demander que le texte de son opinion individuelle soit joint aux constatations ou à la décision* » [388] . Malgré la divergence de point de vue, les experts peuvent adopter à l'unanimité les recommandations du rapporteur spécial. La pratique de la consultation que nous qualifions de « *consultation de suivi* » peut constituer une *« garantie d'exécution des obligations en droit international public »*[389].

---

[387] Cassan (H.), « Le consensus dans la pratique des Nations Unies », *op.cit.*, p. 744.

[388] Conformément à l'article 104 du règlement intérieur du CDH.

[389] Cassan (H.), *Les garanties d'exécution des obligations en droit international public*, Thèse, Montpellier, 1974, 375 p.

244. Les décisions du CDH sont généralement prises à la majorité des membres présents qui disposent d'une voix même sur les décisions portant sur les questions de procédure. Toutefois, le vote à la majorité des membres n'est pas autorisé dans le cadre de l'adoption des recommandations du rapporteur spécial.

B- Les recommandations répercutées à l'État mis en cause

245. Ces recommandations ne sont autres que le rappel à l'attention de l'État, de se conformer à ses obligations conventionnelles. Il s'agit pour l'essentiel des obligations primaires (1) et secondaires (2).

1- Le rappel des obligations primaires

246. Les obligations primaires rappelées à l'État mis en cause à travers les recommandations du rapporteur spécial, sont des obligations de *due diligence* sur le fondement desquelles les violations des droits civils et politiques peuvent être imputées à un État dans le cadre de la responsabilité internationale [390]. Ces obligations qui rejaillissent sur la chose constatée, sont en réalité des obligations de comportement dont la fonction est d'encadrer la conduite des États Parties vis-à-vis de l'individu à protéger[391]. Elles désignent l'obligation pour ceux-ci de prendre des mesures appropriées pour prévenir

---

[390] CIJ, Affaire relative au *Personnel diplomatique et consulaire des États-Unis à Téhéran (États-Unis d'Amérique c. Iran)* arrêt du 24 mai 1980 ; *CIJ Recueil* 1980, p. 3.

[391] Hart (H.L.A.), *The concept of Law*, Oxford, University Press, 1961, p. 265 et s.

les atteintes aux droits des tiers pouvant résulter des activités menées par des sujets de droit international ou de interne sous son contrôle, soit de ses propres activités lorsque celles-ci sont licites. Ainsi considérées, les obligations de *due diligence* imposent aux États les obligations de vigilance, de prévention et de protection. La vigilance consiste en une obligation de résultat dont la violation résulte d'une simple inobservation. La prévention quant à elle implique le devoir d'identifier et de prévenir les risques au point de mettre à la charge de l'État des obligations de moyens d'une part et de moyens renforcés d'autre part.

S'agissant de la protection cependant, les États Parties ont une obligation de protection à l'égard de tout individu y compris les étrangers en qualité de *bonus pater familias*. Pour cela, la jurisprudence a même estimé qu'ils sont tenus de traiter correctement les personnes étrangères sur leur territoire[392]. En cas d'inobservation des obligations de *due diligence*, il revient à la victime de rapporter la preuve de ce que les autorités nationales connaissaient ou auraient dû connaitre les risques d'atteinte ou du comportement attentatoire aux droits civils et politiques. En se contentant de simples présomptions de fait ou d'indices concluants, on pourrait faire peser la charge de la preuve sur l'État plutôt que de la faire reposer sur la victime.

---

392 CPA, Affaire *Frederick Wipperman (États-Unis c. Venezuela)*, sentence arbitrale du 2 septembre 1890, RAI vol. III ; p.3041. Affaire de *l'Ile de Palmas (Pays-Bas c. États-Unis d'Amérique)* sentence arbitrale du 4 avril 1928, RSA vol. II ; p. 829. Affaire *william E. Chapman (États-Unis c. États-Unis mexicains)* sentence arbitrale du 24 octobre 1930, RSA vol. IV, p. 632.

247. Conventionnellement consenties[393], ces obligations primaires peuvent aussi être des prescriptions internationales. Le Pacte prescrit ainsi l'existence ou l'inexistence d'une règle interne[394] pour garantir le respect par les États de leurs engagements internationaux. Ces prescriptions qui consistent en une autorisation, permission, habilitation ou une interdiction, sont à la vérité *« l'objet [même des] obligations »*[395] dont l'exécution est fonction des circonstances et du contexte[396]. Le libellé des traités relatifs aux droits de l'homme autorise explicitement certaines restrictions en fonction des circonstances[397]. Ces dernières qu'on trouve également dans le PIDCP prennent la forme des interdictions, c'est-à-dire des prescriptions qui font défense aux États d'adopter des comportements hostiles à l'application du Pacte dans leurs ordres juridiques internes[398]. C'est pour cette raison qu'*« aucune disposition du pacte ne peut être interprétée comme impliquant pour un État (...), un droit quelconque de se livrer à une activité ou d'accomplir un acte visant à la destruction des droits ou libertés de la personne humaine »*[399].

248. Si la chose constatée est le reflet du droit souple dans sa douceur et sa mollesse, il n'en demeure pas moins que les États fautifs devant le CDH sont tenus de garantir

---

[393] Dupuy (P.-M.), « L'obligation en droit international », *AFDI*, L'obligation, t 44 (p. 224.), 2000, pp. 217-231.

[394] Meunier (H.), *Les normes internationales qui prescrivent l'existence ou l'inexistence d'une règle interne*, Thèse, Paris II, 2012, 610 p.

[395] Kervegan (J.-F.), « En quel sens le droit est-il un système de normes ? », *Revue générale*, 2010, pp. 29-35.

[396] Lubell (N.), « Les obligations relatives aux droits de l'homme dans le cadre de l'occupation militaire », *RICR*, vol, 94, n°885, 2012, pp. 317-337.

[397] *Ibid*, p. 10.

[398] Sur la pertinence de la notion d'ordre juridique voir : Kelsen (H.), « Aperçu d'une théorie générale de l'État », *RDP*, 1926, pp. 561-619.

[399] Conformément à l'article 5 du PIDCP.

l'exercice des droits civils et politiques. Les États doivent s'abstenir d'interférer de manière injustifiée dans l'exercice de ces droits. C'est la raison pour laquelle ils doivent agir *ex mandato*, sur commandement de la norme[400] ou de la règle[401] qui leur fait interdiction de s'ingérer dans l'exercice des droits civils et politiques.

249. Sous le bénéfice de ce qui précède, on pourrait penser que le CDH étend son contrôle d'une part sur les abstentions et d'autre part, sur les actions de l'État d'autre part. Il ressort de la pratique du Comité que le principe est celui de l'unité du contrôle désormais considéré comme *« un principe général, applicable quelle que soit la disposition considérée »*[402]. Dans les cas ; le contrôle du Comité doit tenir compte de « l'équilibre à ménager entre les intérêts concurrents de l'individu et ceux de la société dans son ensemble »[403].

2- Le rappel des obligations positives

250. Le respect du Pacte par les États est subordonné à la mise en œuvre des obligations positives. Ces obligations *« poursuivent toutes la même finalité qui est l'application*

---

[400] Picavet (E.), « Règles et commandements d'après la théorie de Hart », pp. 61-91, in *Kelsen et Hart. La norme et la conduite*, Puf, 2000, 136 p.

[401] Trois critères permettent de comprendre la notion de règle. D'abord la règle est une norme, ensuite la règle est impersonnelle et enfin la règle ne se rapporte pas à un événement unique. Sur la question, lire Kelsen (H.), *Théorie générale du droit et de l'Etat* ; *suivi de La doctrine du droit naturel et le positivisme juridique* (trad. Laroche (B.) et Faure (V.), Bruxelles et Paris, Bruylant et LGDJ, 1997, p. 88.

[402] CEDH, *Broniowski c. Pologne,* 22 juin 2004

[403] CEDH, *Powell et Rainer c. Royaume-Uni,* arrêt du 24 janvier 1990, paragraphe 41.

effective [PIDCP] »[404]. De ce point de vue, les obligations positives exigent à l'État mis en cause, une action concrète et protectrice de l'individu contre les ingérences politiques, économiques et sociales[405]. Elles commandent l'adoption des mesures nécessaires à la pleine jouissance des droits garantis [406]. C'est en d'autres termes l'obligation essentiellement pratique[407] qui consiste à adopter en faveur de l'individu des mesures de protection raisonnables et adéquates[408] pour ne pas donner l'impression que les dispositions du PIDCP sont de simples prétentions [409],mais de véritables obligations auxquelles les Etats sont soumis[410].

251. Etant donné que *« la sanction fait partie intégrante de toute construction juridique cohérente, et que la menace de sanction est un élément de dissuasion* »[411], les États optent

---

[404] Akandji-Kombe (J.-F.), *Les obligations positives en vertu de la convention européenne des droits de l'homme, un guide pour la mise en œuvre de la convention européenne des droits de l'homme*, Précis sur les droits de l'homme, n°7, 2006, p. 10.

[405] CADHP, *Social and Economic Right Action c. Nigeria*, 2001, paragraphe 45.

[406] Akandji-Kombe (J.-F.), *Les obligations positives en vertu de la convention européenne des droits de l'homme*, *op.cit.*, p. 16.

[407] Brugnion (F.), « Le Comité International de la Croix Rouge et la protection des victimes de guerre », *RICR,* n°7775, 2005, p. 11.

[408] CEDH, *Hokkanen c. Finlande*, 24 août 1994 ; *Lopèz-Ostra,* 9 décembre 1994.

[409] Millard (E.), « Effectivité des droits de l'homme », *in* Andriantsimbazovina (J) Gaudin (H), Marguenaud (J.P), Rials (S), Sudre (F), éd *Dictionnaire des droits de l'homme*, Paris, Puf, 2008, p. 352.

[410] Leroy (Y.), « La notion d'effectivité du droit », *Droit et société*, 2011/3, n°79, p. 718 (pp. 715 à 732).

[411] Dutti (M.T.) et Pellandini (C.), « Le Comité International de la Croix-Rouge et mise en œuvre du système de répression des infractions aux règles du droit international humanitaire », *RICR*, Mai-juin 1994, n°807, pp. 264-279.

dans la plupart des cas à adopter des mesures à caractère répressif. Le *deber puniendi* qui en résulte, consiste pour l'État « *d'instruire, de juger et de sanctionner les violations graves des droits de l'homme en utilisant obligatoirement, inter alia, son système pénal* »[412] pour éviter toute action en responsabilité devant le CDH.

252. Pour cela, l'État mis en cause a pour obligation de définir les incriminations, mettre en place des procédures de répression des infractions contre les droits de l'homme. L'État se sera ainsi conformé à ses obligations et engagements internationaux pour avoir donné plein effet aux recommandations du Comité.

253. Outre la répression, l'État mis en cause peut être tenu de mettre à la disposition des victimes de violations des droits civils et politiques des mécanismes de recours internes visant à obtenir des réparations[413] même en zone de non-droit[414].

* *

*

---

[412] Vervaele (J.A.E.), « Violations graves des droits de l'homme et crimes internationaux. Du *jus (non) puniendi* de l'Etat nation à un *deber puniendi* impératif tiré du jus cogens *», Revue de Science Criminelle et de droit pénal comparé,* 2004/3, pp. 487-521.

[413] CDH, *Nydia Erika Bautista de Arellana c. Colombie,* para 8(2) ; *José Vicente et Amado Villafane Chaparo, Luis Napoléon Torres Crespo, Angel Maria Torres Arroyo et Antonio Hugues Chaparro c. Colombie*, paragraphe 8(2).

[414] Tigroudja (H.), « La Cour européenne des droits de l'homme face au conflit tchétchène, Propos sur l'adaptation du mécanisme européen des droits de l'homme à la situation tchétchène », RTDH, 2006, 111 et s, cité par Renucci (J-F.), *Droit européen des droits de l'homme. Droits et libertés fondamentaux garantis par la CEDH,* 8ème éd., LGDJ, p. 22.

254. Les remarques qui précèdent amènent à faire des conclusions suivantes. D'abord le mécanisme de surveillance des suites des constatations est fondé sur des renseignements ou rapports parallèles. Ensuite, les recommandations contenues dans ces rapports spéciaux ne sont pas des déclarations officielles du Comité, mais les propres points de vue du rapporteur spécial. On comprend pourquoi ces points de vue sont recommandés au CDH pour être adoptés avant d'être répercutés à l'État mis en cause. Enfin, l'État qui se conforme aux recommandations du CDH, doit être considéré comme ayant rempli les obligations qu'il a souscrites en sa qualité de partie PIDCP.

Chapitre 4 – L'assistance de l'État mis en cause par le rapporteur spécial

255- Le rapporteur spécial chargé du suivi des constatations fait des recommandations sur l'ensemble des requêtes relatives aux constatations qui n'ont pas été exécutées. À cet effet, il peut ouvrir un dialogue avec l'État concerné et les victimes, après avoir informé le Comité des moyens susceptibles de garantir l'exécution des constatations[415]. La problématique de la mise en eouvre des décisions du CDH n'est pas une sinécure quand on connait la souplesse du mécanisme de contrôle de cette quasi-juridiction. Quels sont les moyens légaux à la disposition du CDH pour faire exécuter ses constatations ? Pour garantir la mise en œuvre optimale de ses constatations, le Comité se sert de son bras séculier avancé dans les affaires internes de l'État qu'est le rapporteur spécial chargé du suivi des constatations. Le déploiement de cette « *procédure spéciale* » [416] permet d'observer que les prérogatives du rapporteur spécial s'organisent autour de la mission d'assistance auprès de l'État responsable des violations des dispositions du PIDCP. De ce point de vue, l'assistance est un élément

---

[415] Rapport du Comité pour ses 40ème , 41ème et 42ème sessions, volume II,(A/45/40), annexe XI, 1991.

[416] L'expression « procédures spéciales » est attribuée aux rapporteurs spéciaux, aux représentants spéciaux, aux experts indépendants et aux groupes de travail mandatés par les organes politiques de l'ONU pour contrôler et faire des rapports sur les violations des droits de l'homme. Ils font également des recommandations sur la promotion et la protection des droits de l'homme.

essentiel dans l'évaluation et la mise en oeuvre des constatations du Comité.

256. Cette mission d'assistance n'est pas clairement définie dans l'organisation et le fonctionnement du Comité. En effet, le terme assistance désigne dans un sens général la « *mission de conseil et de contrôle auprès d'une personne qui n'a pas le pouvoir d'agir seule, en vue de son habilitation* »[417]. Plus couramment, c'est le fait de se placer auprès de quelqu'un. Transposée dans le cadre du suivi des décisions du Comité, l'assistance fait apparaitre une approche relationnelle du suivi des constatations. Sous le bénéfice de cette définition, il conviendra d'analyser la relation entre le rapporteur spécial et l'État mis en cause. La traduction concrète de cette relation prend la forme d'une coopération à l'issue de laquelle tout est mis en œuvre pour inciter l'État à exécuter les décisions du Comité au moyen justement des conseils. Dans ce cas, le CDH n'exerce aucun contrôle autoritaire au sens anglo-saxon du terme, mais plutôt un contrôle de « *vérification de la conformité à une norme d'une décision, d'une situation, d'un comportement* » [418] tel qu'il résulte de son acception française. « *La finalité n'est pas de blâmer le sujet déviant mais plutôt de lui apporter une assistance propice à la concrétisation sociale du droit* »[419]. La relation bilatérale entre l'État et le Comité autour de laquelle sera abordée la question de l'assistance, ressort de l'exégèse des dispositions du règlement intérieur de cette quasi-juridiction. Celles-ci donnent la possibilité au rapporteur

---

[417] Cornu (G.), *Vocabulaire juridique, op.cit.*, p. 91.

[418] *Ibid*, p. 261.

[419] Ailincai (M.), *Le suivi du respect des droits de l'homme au sein du Conseil de l'Europe. Contribution à la théorie du contrôle international*, Thèse (Résumé), Grenoble 2, 2009, p. 3.

spécial d'« *établir les contacts et prendre des mesures appropriées pour s'acquitter* »[420] de son mandat.

257. L'objectif de l'assistance est d'apporter à l'État, l'expertise nécessaire à l'exécution avec satisfaction des constatations du Comité. Le suivi des constatations pose le problème de sa nature juridique en droit international des droits de l'homme. L'assistance apportée par le rapporteur spécial relativement contraignante (Section 1), quoique fortement protectrice des droits du rapporteur spécial en matière d'exécution des décisions du Comité (Section 2).

Section 1- Une mission d'assistance relativement contraignante

258. Pour faire respecter les « décisions » du Comité, le rapporteur spécial recourt aux techniques du droit international général [421] dont le choix dépend des circonstances de l'espèce [422]. Il s'agit notamment des pratiques incitatives d'ordre diplomatique (Paragraphe 1) renforcées par des pratiques incitatives d'ordre administratif et judiciaire (Paragraphe 2).

---

[420] Conformément à l'article 101 (2) du règlement intérieur du CDH.

[421] Devillard (A.), « L'obligation de faire respecter le droit international humanitaire : l'article 1 commun aux conventions de Genève et à leur premier Protocole additionnel, fondement d'un droit international humanitaire ? », *RQDI,* vol 20-2, 2007, pp. 75-129.

[422] Conformément à l'article 41 du Projet d'articles sur la responsabilité de l'Etat pour fait internationalement illicite (Doc. NU A/56/49) dans l'annuaire de la commission du droit international 2001, vol 1, New York, Nations Unies, 2001.

Paragraphe 1- Les pratiques incitatives d'ordre diplomatique

259. Ces pratiques d'ordre diplomatique consistent en des échanges certains avec l'État mis en cause sur les modalités de mise en œuvre des constatations du Comité(A). Ces échanges peuvent avoir lieu éventuellement sur le territoire de cet État (B).

A- La certitude des échanges *ex situ*

260. Aux termes du délai de 180 jours[423], un dialogue est impulsé avec l'État, et au cours duquel des conseils sont prodigués (2).

1- Le dialogue impulsé

261. L'on a souvent coutume de dire que le secret d'une relation réussie est la communication. Ce type de conseil ne s'applique pas seulement aux relations amoureuses ou amicales, mais aussi aux relations diplomatiques entre les organes de traités *onusiens* et l'État. Ainsi, la mise en œuvre des « décisions » du Comité exige un dialogue bilatéral entre le rapporteur spécial et l'État mis en cause. Qu'elles soient supposées ou réelles, les vertus du dialogue s'imposent de plus en plus en droit international, non pas comme un discours propagandiste, mais comme une procédure destinée à faciliter la mise en œuvre des recommandations du Comité. Il est question ici de dégager

[423] C'est un délai à l'expiration duquel le Comité des droits de l'homme des Nations Unies souhaite recevoir de l'État partie mis en cause, des renseignements sur les mesures qu'il a prises pour exécuter les conclusions recommandées.

une théorie générale et une méthodologie du dialogue diplomatique dans le cadre du suivi des constatations.

262. Relevant du *soft law*, le dialogue diplomatique est pour l'essentiel une procédure écrite que les rédacteurs des textes fondateurs du Comité n'ont pas clarifiée. Néanmoins, il consiste pour le rapporteur spécial, à organiser des rencontres avec le représentant de l'État pour discuter des modalités d'exécution des conclusions contenues dans les constatations du Comité. Ainsi considéré, le dialogue est en réalité une discussion tenue par le Comité sur « *les moyens de réparation à fournir à l'auteur de la communication et, dans tous les cas à donner effet aux observations du Comité* ». L'État adresse au rapporteur spécial des invitations permanentes, fait droit aux appels urgents et aux demandes d'information qui lui sont adressées. De telles actions de l'État sont la preuve de sa bonne foi de coopérer véritablement avec le Comité, tant l'engagement de l'Etat est nécessaire à la mise en œuvre des constatations. De toute évidence, la procédure du dialogue dans la pratique des négociations internationales semble être une solution à la résolution de la problématique des « décisions » des organes de traités des Nations Unies.

263. Le dialogue diplomatique a « *lieu lors des réunions spéciales Droits de l'homme dont l'ordre du jour est public* »[424]. Il commence dès la notification diplomatique de la « décision » à mettre en œuvre dans un délai de 180 jours à compter de la date de réception de la décision. Le rapporteur spécial invite à cet effet l'État à lui fournir des renseignements ou des informations sur les mesures qui ont été prises pour son *implémentation.* L'État dispose alors

---

[424] Lambert-Abdelgawad (E.), « L'exécution des décisions des juridictions européennes (cour de justice des communautés européennes et cour européenne des droits de l'homme) », *AFDI,* vol. 52, 2006, pp. 677-724.

dans ces conditions du libre choix sur les mesures d'exécution.

264. D'un point de vue méthodologique, la pratique du dialogue fait ressortir trois grandes étapes dans son déroulement. La première relative à la consultation ou le « *pré dialogue* »[425], consiste pour le rapporteur spécial à prendre des mesures spécifiques pour établir les contacts avec l'État et s'acquitter par conséquent de son mandat[426]. La deuxième étape cependant porte sur la production des renseignements étatiques sur l'état d'exécution des constatations. La troisième étape quant à elle est consacrée à la discussion proprement dite des mesures proposées par l'État pour donner effet aux décisions du Comité. Cette dernière étape qui est la règle dans les procédures de session, met en évidence une concertation entre le rapporteur spécial et les autorités nationales. Elle est au demeurant une étape *« bilatérale, voire multilatérale pour les affaires les plus délicates »* lesquelles[427] nécessitent les conseils du rapporteur spécial.

2- Les conseils prodigués

265. L'expert rapporteur spécial est tenu de l'obligation de prodiguer des conseils à l'État mis en cause. Faisant partie des mesures spécifiques que cet expert peut prendre, le conseil est une obligation juridique qui pèse bien entendu

---

425 Geamanu (G.), « Théorie et pratique des négociations en droit international », *in Recueil des cours de l'Académie de droit international*, 1980, p. 402.

426 Conformément à l'article 101.2 du règlement intérieur du CDH.

427 Lambert-Abdelgawad (E.), « L'exécution des décisions des juridictions européennes (Cour de justice des Communautés européennes et Cour européennes des droits de l'homme) », *op.cit.*, p. 687.

sur le rapporteur spécial. Il porte notamment sur les actions à engager lorsque l'État ne répond pas aux demandes et conseils du rapporteur spécial. Celui-ci peut également prodiguer les conseils lorsqu'il reçoit des renseignements indiquant que l'État mis en cause n'a pas respecté les recommandations qui lui ont été faites[428]. La procédure en fourniture de conseils est une technique de persuasion du représentant de l'État qui peut garantir au rapporteur spécial la mise en œuvre effective des constatations du Comité. Le rapporteur spécial aura alors rempli sa mission parce que les conseils qu'il aura donnés seront suivis. Malheureusement, le règlement intérieur du CDH n'a pas indiqué la forme dans laquelle les conseils devraient être prodigués. La pratique fait état de ce que les conseils du rapporteur spécial sont pour la plupart faits par écrit, même si la forme orale n'est pas à exclure.

266. Les conseils du rapporteur spécial sont des opinions destinées à inciter l'État à se conformer aux recommandations contenues dans les constatations. Ce sont des *« faire savoir »*, c'est-à-dire des informations, et des *« savoir guider »* dont le but est d'orienter et de conseiller. Les conseils du rapporteur spécial visent à rendre exécutoire les décisions du CDH par l'État qui en est tenu en adoptant librement des mesures appropriées[429]. En l'absence d'une force exécutoire, la présence du rapporteur spécial s'avère plus que jamais indispensable dans le contentieux de l'exécution des constatations du CDH. Dans la pratique, on peut distinguer deux types de conseils qui ressortent de l'office du rapporteur spécial. Le premier qui

---

[428] Rapport du Comité contre la torture (2004), Doc. ONU A/59/44, paragraphe 264.

[429] Fortas (A.-C.), *La surveillance de l'exécution des arrêts et décisions des cours européenne et interaméricaine des droits de l'homme. Contribution à l'étude du droit du contentieux international*, éd Pedone, 2015, pp. 1-10.

s'apparente à une abstention, est un conseil qui incite l'État à ne pas faire ou à s'abstenir d'adopter une mesure contraire au Pacte. Le deuxième quant à lui, est une incitation à faire, à poser un acte positif ou à adopter des mesures étatiques nécessaires à l'exécution des décisions du Comité. C'est ce dernier type de conseil qui semble ressortir abondamment des recommandations du rapporteur spécial.

267. La mission de conseiller s'applique à l'ensemble du mandat spécial du rapporteur. Il résulte de l'accomplissement de cette mission, les obligations d'information, d'alerte et celle d'être proactif. S'agissant plus précisément de l'obligation d'alerte, le rapporteur spécial doit étudier les opportunités et chercher les solutions adéquates pour une alerte efficace. Il doit également attirer l'attention de l'État sur les conséquences d'un non-respect de ses obligations et d'un retard dans la mise en œuvre des recommandations du CDH. Pour que cette mission produise ses effets, le rapporteur spécial doit, en plus d'être diligent, garder en toute circonstance son indépendance vis-à-vis de l'Etat sans toutefois s'immiscer dans ses affaires internes.

B- L'éventualité des échanges *in situ*

268. La communication est un autre aspect un peu plus dynamique de la mission d'assistance du rapporteur spécial. Elle a lieu sur le territoire de l'État responsable des violations des droits civils et politiques sous forme de visites (1) et de réunions de suivi (2).

1- Les visites de suivi

269. Les visites de suivi organisées par le rapporteur spécial résultent de son devoir d'établir les contacts dans le cadre de l'exécution constatations. En effet, le rapporteur spécial peut demander au gouvernement de l'État mis en cause et sur son invitation[430], une visite sur son territoire pour s'assurer de l'exécution des recommandations du Comité. Les visites sont des mécanismes pratiques destinées à surveiller l'application par les États des instruments internationaux. Elles *« permettent de procéder à une évaluation approfondie des progrès et échecs enregistrés et de les comparer aux constatations et recommandations »*[431]. La visite de suivi peut être comprise comme une méthode de travail à la disposition du rapporteur spécial, dont l'intérêt est de réduire l'écart entre les dispositions du PIDCP et leur mise en œuvre effective par les États Parties.

270. Une fois sur le territoire, le rapporteur spécial peut à cette occasion, engager les autorités étatiques et les membres de la société civile à exécuter effectivement les décisions du Comité. Les observations du rapporteur spécial à la fin de la visite sont publiées dans un document appelé rapport de mission. C'est à l'occasion des visites que le rapporteur spécial assure un contrôle *in situ* de l'effectivité nationale des recommandations du CDH. C'est pour ces raisons que la procédure de visite est « *l'outil le*

---

[430] Une invitation permanente est une invitation ouverte proposée par un gouvernement au rapporteur spécial. En proposant cette invitation, l'État annonce qu'il acceptera toutes les demandes de visite du rapporteur spécial.

[431] Guide pratique pour la société civile. Suivi des recommandations des Nations Unies en matière de droits de l'homme, Nations Unies Droits de l'homme, p. 41, www.ohchr.org/FR/aboutUs/Pages/cvilSociety.aspx

plus important de la boîte à outils » [432] du rapporteur spécial. Sa fonction de suivi *« a en soi une incidence salutaire sur la situation des droits de l'homme dans un pays donné »*[433].

271. Les modalités pratiques des visites consistent à donner à l'État des orientations sur le déroulement de la visite. Ce dernier est tenu d'assister le rapporteur spécial indépendant et impartial jusqu'à la fin de sa visite. Les visites de suivi se déroulent d'ordinaire sur une courte durée que le règlement intérieur du Comité n'a pas précisée. Mais cette durée varie en fonction de la complexité des violations constatées et des recommandations adoptées. À la fin de la visite, le rapporteur spécial peut tenir des conférences de presse durant lesquelles il fait part de ses observations et recommandations préliminaires sur l'exécution des recommandations du Comité. À cet égard, celui-ci présente ses recommandations au Comité pour adoption [434]. Le rapporteur spécial peut même à cette occasion engager le suivi des difficultés que l'État rencontrerait dans l'exécution des recommandations du Comité.

272. Si l'efficacité renvoie à la question de savoir « *si une norme est ou non suivie par les personnes à qui elle est destinée* » [435], on peut affirmer qu'en l'absence de l'imperium, la visite du rapporteur spécial sur le territoire de l'État mis en cause a un impact positif sur le comportement de celui-ci. La présence du rapporteur

---

[432] Ted (P.), « Contribution des procédures spéciales de l'ONU à la mise en œuvre au niveau national des normes relatives aux droits de l'homme », *RIDH*, vol 15, 2011, pp. 206-231.
[433] *Ibid.*
[434] Voir *supra*, paragraphe 241 et suivants.
[435] Bobbio (N.), *Teoria generale del diritto*, editore Giappicheli, 1993, p. 23, cité par Champeil-Desplats (V.), « Penser l'efficacité de la norme », *Keio Hôgaku*, 2014, pp. 368-378.

spécial influence avec souplesse l'exécution des décisions du Comité. Généralement, ses visites ont souvent relancé le dialogue quelle que soit la situation politique en vigueur dans le pays concerné. Si au cours de sa visite, des difficultés d'exécution sont rencontrées, il n'est pas exclu que le rapporteur spécial organise des réunions de suivi.

2- Les réunions de suivi

273. Les réunions de suivi sont des suites logiques de la procédure de visite. Elles s'apparentent à un plan formel, à des rencontres avec les dirigeants politiques de l'État, des tables rondes, des discussions entre experts ou des conférences au cours desquelles le rapporteur spécial va au contact de la société civile pour évaluer l'exécution des recommandations du Comité. S'agissant précisément des réunions avec les dirigeants de l'Etat, ces consultations peuvent être organisées à la demande du rapporteur spécial, de l'État mis en cause ou sur invitation de celui-ci. L'ordre du jour est élaboré en fonction de la nature des violations constatées et des mesures d'exécution à adopter. Il peut par exemple arriver qu'une réunion de cette nature, porte essentiellement sur des mesures prises par l'État en faveur des victimes de violations des droits civils et politiques.

274. Les réunions de suivi permettent au rapporteur spécial d'évaluer avec la société civile, et de manière concrète l'application des recommandations du Comité. Ces consultations visent à évaluer l'effectivité, à déterminer les changements et réalisations intervenus, mais aussi les principaux problèmes et obstacles rencontrés dans le processus de mise en œuvre des recommandations du Comité. « *Les réunions peuvent jouer un rôle vital dans la* *protection et la réalisation des droits de l'homme* »[436], en ce qu'elles constituent le ciment de la procédure de suivi des recommandations du CDH en marge des mesures de pression.

Paragraphe 2- Les pratiques incitatives d'ordre administratif et judiciaire

275. Inscrits au rang des *« tentatives d'affermissement normatif des énoncés de protection des droits de l'homme* »[437], les recours judiciaires en vigueur devant les instances juridictionnelles de protection des droits de l'homme peuvent être préconisés en renfort au mécanisme administratif de publication de l'attitude de l'État qui ne se conforme pas aux constatations du Comité (B).

A- Les pratiques d'ordre administratif

276. Ce sont des mécanismes classiques de *soft law* qu'il ne faut pas confondre avec ceux décryptés dans le cadre du droit à l'information des parties à l'instance où ils ont été abordés comme une fin et non comme un moyen[438]. Ces

---

[436] ONU, Assemblée générale, CDH, « Rapport conjoint du Rapporteur spécial sur le droit de réunion pacifique et la liberté d'association et du Rapporteur spécial sur les exécution extrajudiciaires, sommaires ou arbitraires concernant la bonne gestion des rassemblements », 31ème session, 2 février 2016, A/HRC/31/66, p. 25.

[437] Cazala (J.), « Les tentatives de densification normative en droit international public. L'exemple de l'activité des organes de contrôle dans le domaine des droits de l'homme », *in* Thibierge, Cathérine, Chevallier, Jacques, *La densification normative. Découverte d'un processus,* Mare et Martin, 2013, pp.389-404.

[438] Voir *supra*, « B- L'information du grand public », paragraphes 214 à 220.

mécanismes consistent en la publication des rapports annuels (1) et en la diffusion des communiqués de presse (2).

1- Le mécanisme de la publication des rapports annuels

277. Les rapports annuels du CDH font partie des instruments de contrôle de l'application du PIDCP. Il ressort de l'examen de la configuration des rapports annuels que ceux-ci constituent une sève des droits des parties[439]. C'est en d'autres termes une garantie non seulement des droits de la victime des violations des droits civils et politiques, mais aussi un moyen de publicité des attitudes déloyales de l'État qui n'exécute pas les recommandations du Comité. En effet, l'organe de surveillance du PIDCP adresse chaque année à l'Assemblée Générale des Nations Unies et par l'intermédiaire du Conseil économique et social, un rapport de ses travaux[440] sur les tendances et les préoccupations principales relatives à la protection des droits de l'homme par les États. Ces rapports dont la fréquence est annuelle, sont de précieux indicateurs qui permettent de mesurer la portée du comportement irrégulier de l'État vis-à-vis de ses obligations conventionnelles. Même s'ils ne sont pas juridiquement contraignants, il n'en demeure pas moins que la publicité des rapports annuels incite les Etats à se conformer aux recommandations du Comité.

---

[439] Piot (P.), *Du caractère public du procès pénal*, Thèse, Lorraine, p. 188.

[440] Conformément aux articles 45 du Pacte et 06 du Protocole se rapportant au PIDCP.

278. Les rapports annuels sont publics parce qu'ils sont adoptés dans le cadre de l'Assemblée Générale des Nations Unies. Le concert des Nations devient dans ce cas un témoin oculaire des activités du Comité et surtout des violations des droits civils et politiques imputées aux États. La procédure de présentation des rapports annuels est donc une forme de pression morale, de dénonciation des États qui ne veulent pas se conformer aux recommandations du CDH. Elle est devenue depuis l'institution de la fonction de rapporteur spécial, une « *voie d'exécution forcée* » destinée à densifier les normes en droit international public[441].

279. Tout ce qui constitue la défense des parties peut et doit être proposé en public[442]. C'est pourquoi la procédure de présentation des rapports annuels semble avoir conféré au public le droit de contrôler à son tour l'exécution des constatations du CDH. Cette procédure ne consiste pas seulement en un compte rendu au public, mais à lui présenter le sens et la portée des décisions afin qu'il puisse contrôler la conformité des actions de l'État même dans le cadre des communiqués de presse[443].

2- La diffusion des communiqués de presse

280. Au rang des techniques de publicité des rapports annuels du Comité, s'inscrivent en bonne place les communiqués de presse destinés au public. Cette publicité se fait en dehors de toutes sessions du Comité. Le communiqué de presse est un texte destiné à informer le

[441] Cazala (J.), « Les tentatives de densification normative en droit international public. L'exemple de l'activité des organes de contrôle en matière de protection des droits de l'homme », *op.cit.,* p.389 et s.
[442] Cass. Civ, 13 nivôse an X, Bull civ. An X, n°46
[443] Rapport du Comité des droits de l'homme, A/64/40 (vol I), 2009, pp. 44-48.

public par l'intermédiaire de la presse. Il a vocation à être diffusé en tant que document à usage du public. En effet, c'est « *un support privilégié d'une communication instantanée* »[444] par lequel le CDH rend compte de ses activités annuelles sur la mise en œuvre du PIDCP.

281. Deux raisons justifient la pratique des communiqués de presse dans le système *onusien* de protection des droits de l'homme. La volonté des concepteurs d'extérioriser et de faire connaitre au grand public l'action du CDH est la première. Elle est le prolongement de la procédure de publicité des rapports annuels. La deuxième raison cependant, est tirée de la mise en œuvre du droit à l'information. Si ces fondements sont pour le moins essentiels, l'incertitude plane encore sur la véritable fonction des communiqués de presse dans le contentieux international des droits de l'homme. Textes dépourvus de valeur normative, les communiqués de presse sont des instruments de pression sur les États qui n'exécutent pas les recommandations du Comité. Plus qu'une source d'information[445], ils permettent d'attirer l'attention du public sur le comportement de l'État récalcitrant. Ce moyen de pression est de nature à porter atteinte à la réputation et à l'honorabilité d'un État afin de susciter la réprobation sociale[446] collective.

---

[444] Renaudie (O.), « Les communiqués de presse du Conseil d'Etat : outil pédagogique ou support de communication ? », *in La pédagogie au service du* droit [en ligne], Toulouse : *Presse de l'université de Toulouse* 1, Capitole 2011, disponible http//books.openedition.org/putc/452, consulté le (1er décembre 2020).
[445] Deumier (P.), « Les communiqués de la cour de cassation : d'une source d'information à une source d'interprétation », *RTD Civ,* 2006, p.510.
[446] Piot (P.), *Du caractère public du procès pénal*, *op.cit.*, p. 575.

282. La publicité peut aussi être perçue par les victimes des violations des droits civils et politiques, comme un mécanisme de réparation et de restauration en cas d'inexécution *« partiellement satisfaisante »* ou *« non satisfaisante »* des recommandations du Comité. En tout état de cause, la publicité par la reproduction des rapports annuels par voie de presse est un outil accessoire et non essentiel des moyens de pression.

B- Les recours judiciaires suggérés

283. Dans le dessein de renforcer l'efficacité du mécanisme de suivi des constatations du CDH, l'on peut suggérer le recours à la technique européenne des arrêts-pilote (1) et souhaiter de *lege feranda,* l'institutionnalisation de la double responsabilité de l'État (2).

1- La possibilité de recourir aux décisions-pilote

284. Par référence à la pratique européenne des arrêts-pilote, l'expression recommandations-pilote sera utilisée pour proposer une solution au renforcement du système de contrôle de l'application du PIDCP. À l'origine, la technique des arrêts-pilote émane de la CEDH dont l'affaire *Broniowski,* laquelle a donné lieu à un arrêt de principe[447]. En effet, suite à une modification de la frontière polonaise à la fin de la seconde guerre mondiale, l'État polonais s'était engagé à indemniser les rapatriés polonais qui avaient dû abandonner leurs biens immobiliers se trouvant au-delà de la rivière du Boug et situés aujourd'hui en territoire

---

[447] CEDH, Grande chambre, *Broniowski c. Pologne*, 28 septembre 2005, n°31443/96. Voir aussi CEDH, *Michelioudakis c. Grèce,* 3 avril 2012, n°54447/10.

ukrainien, biélorusse ou lituanien. Il a fallu la requête d'un ressortissant polonais qui déplorait l'absence d'une réelle indemnisation, pour que la Cour constate l'existence, dans l'ordre juridique polonais, d'une défaillance structurelle qui avait privé une catégorie de particuliers du droit au respect de leurs biens.

285. En concluant à la violation de la convention européenne des droits de l'homme, sur le fondement « *d'un problème à grande échelle résultant d'un dysfonctionnement de la législation polonaise et d'une pratique administrative qui avait touché, et pouvait encore toucher à l'avenir, un grand nombre de personnes* »[448], le juge avait alors demandé à titre de garantie administrative, la mise en œuvre d'une compensation pour les autres demandeurs concernés par les biens abandonnés au-delà du Boug. C'est ainsi que plusieurs requêtes similaires ont été radiées parce que devenues sans objet.

286. Dans cette affaire, la Cour a mis sur pied une technique processuelle qui consiste à trancher de grands groupes d'affaires identiques tirant leur origine d'un même problème. Cette technique consiste pour le juge de Strasbourg en l'adoption d'une solution partant d'un cas particulier qui lui est soumis, et qui s'applique à toutes les affaires similaires se rapportant à une même question. L'arrêt rendu dans ces circonstances est dit « *pilote* ». Cette procédure qui porte sur le traitement des litiges répétitifs, est une méthode vitale de travail de la CEDH destinée à résoudre, pour le compte des autorités nationales, les problèmes systémiques ou structurels relevés par le juge. Dans la pratique, l'arrêt-pilote comporte dans son dispositif

[448] *Ibid*, paragraphe 189.

la nature du problème systémique et le type de mesures de redressement que l'Etat mis en cause devra adopter.

287. Il y aura lieu de s'intéresser à l'impact de la procédure sus décrite dans le contentieux de la protection des droits civils et politiques. L'intérêt d'un recours à cette technique réside sur la célérité et la spontanéité dans l'exécution des Constatations du Comité. Au regard des cas d'inexécution, d'exécution partiellement satisfaisante ou non satisfaisante des décisions du Comité, il n'est pas exclu qu'on envisage dans le système *onusien* de protection des droits de l'homme, la technique des recommandations-pilote. Si elle est expérimentée, cette technique procédurale participerait à un *« traitement nouveau, plus offensif »*[449] du contentieux des droits civils et politiques. Le système pourrait dans ce cas, offrir aux victimes de violations des droits civils et politiques, une possibilité de redressement plus rapide de la situation au niveau national.

2- La possibilité de recourir au mécanisme de double responsabilité de l'État

288. À côté de la responsabilité internationale de l'État tirée de la violation des droits civils et politiques, on peut souhaiter la consécration d'une double responsabilité ou plus précisément, de la prise en compte d'une responsabilité subsidiaire qu'on appellera ici responsabilité pour inexécution des constatations, ou responsabilité pour non-conformité aux décisions du CDH. L'on a observé que les situations d'inexécution des constatations du Comité

[449] Lambert-Abdelgawad (E.), « L'exécution des décisions des juridictions européennes (Cour de justice des Communautés européennes et Cour européennes des droits de l'homme) », *op.cit.*, p. 700.

affaiblissent l'autorité de l'organe de surveillance du PIDCP. La technique de la double responsabilité sera considérée dans ces conditions comme une solution à l'exécution immédiate et rapide des constatations non exécutées, partiellement ou tardivement exécutées à l'image d' « *un recours pour manquement des États à se conformer aux jugements européens* » en vigueur devant la CJCE[450].

289. L'opérationnalisation éventuelle de la procédure de double responsabilité consistera pour les experts, à constater pour la deuxième fois et à la demande du rapporteur spécial, non pas la violation des dispositions du Pacte, mais l'inexécution des constatations du Comité. Les décisions qui en résulteront pour substituer la procédure de rapports intermédiaires, mettront en évidence la responsabilité de l'État pour inexécution des recommandations du Comité comme dans les « *arrêts de manquement sur manquement* »[451]. Par avis motivé, les experts devront attirer une fois de plus, l'attention de l'État responsable de l'inexécution des décisions portant sur les recommandations initiales qui n'ont pas été exécutées.

290. Sans toutefois surestimer le recours à la double responsabilité de l'État, on peut penser qu'il s'agit là d'un moyen de pression aussi efficace que ceux précédemment analysés. Ce recours va davantage renforcer le système universel de protection des droits civils et politiques dans la recherche d'un équilibre entre l'effectivité et l'efficacité des décisions du CDH. Comme *l'ultima ratio*, la double responsabilité internationale de l'État peut permettre de

---

[450] Conformément au Traité de l'Union européenne.
[451] Plouvier (L.), *Les décisions de la Cour de justice des Communautés européennes et leurs effets juridiques*, Bruxelles, Bruylant, 1975, pp. 200 et s.

faire prévaloir les intérêts des particuliers dans le respect des obligations conventionnelles.

291. Si les mécanismes de mise en œuvre des constatations du CDH ne peuvent pas être considérés comme des voies d'exécution au sens du droit privé interne, c'est parce qu'on y voit pas l'expression de l'*imperium* étatique. Ces mécanismes sont en réalité des techniques qui incitent les États à mettre en œuvre les recommandations du Comité sous le regard bienveillant du rapporteur spécial que le droit international protège dans l'accomplissement de ses missions.

Section 2 - Une mission d'assistance juridiquement protégée

292. Parce que relevant du système *onusien* des Nations Unies, le rapporteur spécial chargé du suivi des constatations peut bénéficier de la protection prévue par la convention sur les privilèges et immunités des Nations Unies [452](Paragraphe 1) que la jurisprudence a d'ailleurs précisé dans plusieurs cas (paragraphe 2).

Paragraphe 1- La protection immunitaire dans la Convention

293. Il n'est pas question de passer en revue les privilèges et immunités reconnus au rapporteur spécial en sa qualité d'expert [453]. On examinera les règles qui régissent la protection du rapporteur spécial. Par assimilation à un agent

---

[452] Approuvée par l'Assemblée Générale des Nations Unies le 13 février 1946.

[453] Voir i*nfra*, p. 139 et suivant.

public, celui-ci jouit des privilèges et immunités au même titre qu'un agent *onusien* (A) et un diplomate *ad hoc* (B).

A- Le rapporteur spécial protégé comme un agent *onusien*

294. Le premier niveau de l'assimilation commence par l'insertion dans un même instrument juridique, des dispositions protectrices applicables à un expert en mission pour l'Organisation des Nations Unies[454]. Dans le cadre de ses missions, le rapporteur spécial chargé du suivi des constatations s'apparente à un personnel de l'ONU[455] pris en sa qualité d'agent contractuel (1) ou d'agent statutaire (2).

1- Un agent public contractuel

295. Au centre de l'administration de l'ONU, l'agent contractuel est nécessaire et indispensable même si on a observé un changement de paradigme de la fonction publique internationale. Aujourd'hui, cette fonction publique est plus contractuelle que statutaire. Le contrat qui est le fondement du recrutement de l'agent contractuel, établit ainsi un lien entre l'ONU et celui-ci. L'agent

---

[454] Conformément à l'article VI, section 22 de la convention sur les privilège et immunités des Nations Unies approuvée par l'Assemblée Générale des Nations Unies le 13 février 1946.

[455] Conformément au Statut et Règlement du personnel de l'Organisation des Nations Unies, l'expression « personnel » désigne tous les fonctionnaires hommes ou femmes, constituant le personnel du Secrétariat, au sens de l'article 97 de la Charte des Nations Unies dont une lettre de nomination conformément aux règles fixées par l'Assemblée Générale en application de l'article 101 de la Charte des Nations Unies.

contractuel ou agent non statutaire travaille pour le compte de l'ONU. Il relève pour l'essentiel de la juridiction administrative des Nations Unies en cas de contentieux. L'agent contractuel est celui qui est recruté sur la base d'un contrat synallagmatique verbal ou écrit. Cependant, l'acte de recrutement peut aussi émaner d'une lettre d'engagement qui scelle l'accord des volontés des parties sur les modalités d'exécution, d'extinction du contrat de travail et fixe les règles applicables à l'agent. Est donc contractuel *« tout ce qui touche à la situation particulière de chaque membre du personnel, par exemple la nature du contrat, le traitement, le grade »*[456].

296. La formule du contrat en droit de la fonction publique internationale, est pour l'administration de l'ONU une manière simple de recruter, de s'adapter à des besoins ponctuels ou récurrents. Cette formule semble avoir été conçue pour compléter le régime statutaire de l'emploi des organisations internationales. Ainsi, le contrat *« a été initialement promu comme le moyen permettant de recruter des agents pour des emplois nécessitant une technicité particulière qui ne pouvaient être pourvus sur la base des effectifs statutaires »*[457].C'est pourquoi la fonction publique contractuelle a souvent été considérée comme une exception au principe de la fonction publique internationale statutaire. Cette exception tient du recrutement des agents contractuels à durée déterminée au moyen d'une procédure de *CDD-I-sation*[458].

---

[456] TANU, *Kaplan c. le Secrétaire général de l'Organisation des Nations Unies*, jugement n°19, affaire n°27, 21 août 1953.

[457] Gauthier (J.), *Le contrat au sein de l'emploi public administratif territorial*, Thèse, Lille, 2017, p. 34.

[458] Cette expression qui ne relève pas du droit international révolutionne un peu la sémantique. Elle a été empruntée au décret français du 29 décembre 2015 portant diverses dispositions relatives aux agents

297. Si l'on considère que le CDH entretient des liens étroits avec l'ONU, on peut estimer que le rapporteur spécial est un auxiliaire provisoire et occasionnel du Comité. De ce point de vue, il acquiert formellement la qualité d'agent contractuel pour la durée de sa collaboration. Mais seulement, le lien de fonction qui existe entre celui-ci et le Comité résulte de l'élection comme membre du panel des experts et de la désignation comme un expert chargé du suivi des constatations du Comité. C'est d'ailleurs une exception majeure. En effet, il n'y a pas à proprement parler d'un contrat de travail entre le rapporteur spécial et le CDH dans le cadre de sa mission d'assistance. On peut y voir plutôt une excroissance de sa mission de surveillance de l'application du Pacte pour lequel il a été élu.

298. Le statut de contractuel qu'on peut reconnaitre au rapporteur spécial est *ad hoc* et temporaire dans le cadre bien compris de la mise en œuvre des constatations du CDH. La relation de travail qui s'établit s'apparente à un acte unilatéral de nomination ou de désignation au sens d'un contrat d'adhésion. Dans ce cas, l'acte de désignation n'est que la preuve formelle d'un accord de volontés entre le CDH et le rapporteur spécial qu'on peut assimiler à un agent public.

2- Un agent public statutaire

299. Le fonctionnaire international ou agent public statutaire, ne relève pas d'un contrat mais plutôt d'un statut particulier. Ce statut est aujourd'hui le repère fondamental

---

contractuels de la fonction publique territoriale pour désigner le processus de recrutement des agents de la fonction publique par voie de contrat à durée déterminée et par voie de contrat à durée indéterminée.

de la fonction publique internationale. Le personnel statutaire de l'ONU comprend les fonctionnaires proprement dits et titularisés par acte unilatéral. Leur emploi est directement régi par les dispositions du « *Statut et Règlement du personnel de l'Organisation des Nations Unies* ». En raison de la multitude des organisations internationales, il n'est pas aisé de parvenir à une définition universelle et harmonisée du statut du fonctionnaire international en général et celui *onusien* en particulier. Un tel statut varie en fonction de l'organisation considérée. Cependant, la doctrine a estimé que « *le fonctionnaire international est tout individu chargé par les représentants de plusieurs États ou par un organisme agissant en leur nom, à la suite d'un accord interétatique et sous le contrôle des uns ou de l'autre, d'exercer en étant soumis à des règles juridiques spéciales, d'une façon continue et exclusive, des fonctions dans l'intérêt de l'ensemble des États en question* »[459].

La jurisprudence a défini pour la première fois l'agent international. Dans son avis consultatif rendu dans l'affaire dite « *Bernadote* »[460], la CIJ en a profité pour donner une définition véritablement historique de la fonction publique internationale. En reconnaissant dans cet avis la personnalité juridique de l'ONU et sa capacité de demander une réparation pour les dommages subis par ses agents, la Cour a envisagé le terme « agent » dans le sens le plus large. Elle entend par là quiconque, fonctionnaire rémunéré ou non, employé à titre permanent ou non, a été chargé par un organe de l'organisation d'exercer ou d'aider à exercer, l'une des fonctions de celle-ci ; bref toute personne par qui

---

459 Basdevant (S.), *La condition juridique des fonctionnaires internationaux*, Paris, Sirey, 1930, p. 12.

460 CIJ, *Réparation des dommages subis au service des Nations Unies*, avis consultatif du 11 avril 1949, Recueil 1949.

l'organisation agit. Cette définition s'applique aujourd'hui à l'ensemble du système des Nations Unies.

300. On peut penser que le statut juridique du fonctionnaire international résulte du lien qui existe entre celui-ci et l'organisation qui l'emploie[461]. C'est par référence à l'AGNU que le TANU a estimé que la détermination du régime juridique du fonctionnaire international relève de sa compétence. « *Nonobstant l'existence de contrats entre l'organisation des Nations Unies et les membres du personnel, le régime juridique du personnel est déterminé par l'Assemblé générale des Nations Unies* »[462]. Les *« décisions juridictionnelles [révélatrices de la définition] du fonctionnaire international du Secrétariat* [de l'*ONU*] »[463], amène tout de même à s'interroger sur la portée du lien statutaire qui existe entre le fonctionnaire et les Nations Unies. Le « lien statutaire » est en réalité l'élément essentiel dans la définition du fonctionnaire que les organisations internationales ont tendance à titulariser.

301 En mettant en évidence le caractère réglementaire de la titularisation, le TANU a considéré que *« tout ce qui touche d'une façon générale à l'organisation de la fonction publique internationale et à la nécessité de son bon fonctionnement par exemple les règles n'ayant pas un caractère personnel* »[464], concourt à la titularisation du

---

[461] Cour d'Appel de Paris, 21ème ch., arrêt du 18 juin 1968, dame *Klarsfeld c. O.F.A.J,* JCP/J, 1969, II, n°15725.

[462] TANU, 21 août 1953, jugement n°19, *Kaplan,* sous la dir M. Bettati, Recrutement et carrière des fonctionnaires internationaux, p. 228. ; TANU, 14 décembre 1954, jugement n°56, Aglion, sous la dir S. Bastid

[463] Ouedraogo (B.P.), *Le statut juridique du fonctionnaire international sous l'angle des fonctionnaires de l'Organisation des Nations Unies et des fonctionnaires des communautés européennes : Contribution à l'actualité de la notion de fonctionnaire internationa*l, Thèse, Bretagne Occidentale, 2012, p. 207.

[464] TANU, jugement n°19, *Kaplan, op.cit.*

personnel dont le principe est le droit commun de la fonction publique de l'ONU. Le statut du fonctionnaire international qui en est le déterminant, est *« l'ensemble des règles qui s'applique à l'activité professionnelle du fonctionnaire (...). Mais (...) aussi le texte dans lequel se trouvent regroupées les règles applicables à l'ensemble des fonctionnaires ou à un groupe de fonctionnaires, corps ou cadre d'emploi »*[465]. Le statut du personnel de l'ONU tient lieu de norme fondamentale dans la détermination des règles applicables à l'activité professionnelle du fonctionnaire international. Mais le règlement du personnel des Nations Unies est inférieur et subordonné au Statut[466] du point de vue de la hiérarchie des normes juridiques.

302. Deux principes permettent de caractériser le fonctionnaire international. Le principe d'indépendance en vertu duquel le fonctionnaire n'est responsable que devant l'ONU qui l'emploie, interdit à tout État membre d'exercer des pressions sur leurs ressortissants nationaux dans l'accomplissement de leurs fonctions. Le principe d'exclusivité[467] quant à lui fait obligation au fonctionnaire de se consacrer entièrement à l'accomplissement de ses devoirs au sein de l'organisation. Le statut de fonctionnaire international est toutefois transposable sur les rapporteurs spéciaux dans la mesure où ces experts exercent un emploi public international.

---

465 Auby (J.-M.), Auby (J.-B.), Jean-Pierre (D.), Taillefait (A.), *Droit de la fonction publique, Etat, collectivités locales, hôpitaux,* Dalloz, Précis, « Droit public et science politique », 6ème éd. , 2009, p. 28.

466 CIJ, avis consultatif, 13 juillet 1954, effets de jugements du TANU, Rec. p. 57.

467 CIJ, *Demande de réformation du jugement n°158 du TANU [affaire Falsa], 12 juillet 1973 ; Demande de réformation du jugement n°273 du TANU [affaire Mortiched], 20 juillet 1982.*

B- Le rapporteur spécial protégé comme un diplomate *ad hoc*

303. La diplomatie *ad hoc* ou mission spéciale est une *« mission temporaire, ayant un caractère représentatif de l'État, envoyée par un État auprès d'un autre État avec le consentement de ce dernier pour traiter avec lui de questions déterminées ou pour accomplir auprès de lui une tâche déterminée »* [468] . La mission d'assistance du rapporteur spécial s'inscrit en droite ligne dans les relations diplomatiques non pas au nom de l'État, mais au nom du CDH pour les besoins de la cause. C'est parce que le rapporteur spécial établit des contacts avec l'État mis en cause qu'il entretient alors une mission spéciale. Son action auprès de celui-ci lui confère la qualité de diplomate *ad hoc*, d'agent diplomatique occasionnel et temporaire. Sa mission aux critères pluriels (1) est subordonnée au consentement de l'État responsables des violations des droits civils et politiques (2).

1-Une mission aux critères pluriels

304. Lorsqu'on fait la radioscopie du « *phénomène de la diplomatie ad hoc* », on peut se rendre compte de ce que la mission spéciale temporaire et le caractère représentatif de l'État sont des éléments caractéristiques de cette diplomatie. En effet, le rapporteur spécial est mandaté par le Comité auprès de l'État d'accueil, c'est-à-dire de l'État mis en cause dans le cadre des violations des droits civils et politiques pour accomplir une mission d'assistance en cas

[468] Conformément à l'article 1(a) de la Convention sur les missions spéciales, adoptée par l'Assemblée générale des Nations Unies le 8 décembre 1969. Entrée en vigueur le 21 juin 1985 ; Nation Unies, Recueil des Traités, vol. 1400, p. 231.

de nécessité. Le terme « *mission* » renvoie à la fonction du rapporteur spécial. Par opposition à la mission diplomatique permanente destinée à des missions générales, la mission du rapporteur est dite spéciale lorsqu'elle tient à une particularité. La mission du rapporteur spécial du CDH est une mission technique parce que portant sur le suivi des constatations de cet organe quasi-juridictionnelle.

305. S'agissant de la représentativité non pas de l'État mais du Comité, elle pose le problème de l'envoi du rapporteur spécial auprès de l'État mis en cause. Perçue comme un moyen de contact, la procédure d'envoi met en lumière le principe de souveraineté des États Parties au PIDCP, le droit pour ceux-ci de participer pleinement à la vie internationale et celui *« d'utiliser des missions spéciales comme moyen de mener les relations internationales »*[469] en dehors de toutes relations diplomatiques permanentes. C'est pour cette raison que la mission du rapporteur spécial chargé du suivi des constatations n'est pas *« régie par les mêmes règles qui s'appliquent à l'établissement et au maintien des relations diplomatiques permanentes ; et leur statut juridique, sur le territoire de l'État de réception, ne peut pas davantage être uniformément calqué sur celui des missions permanentes »*[470].

306. Le caractère temporaire quant à lui, permet d'identifier remarquablement la diplomatie *ad hoc*[471] comme une diplomatie dont les fonctions sont limitées dans le temps. Si la mission du rapporteur spécial ne peut *« durer quelques*

---

[469] Dehaussy (J.), « La Commission du Droit international des Nations Unies », *AFDI,* vol 13, 1967, pp. 434-445.

[470] *Ibid,* p.439.

[471] Donnarumma (M.R.), « La convention sur les missions spéciales », *RBDI,* 1972, p. 37.

heures, jours ou mois »[472] en raison de la complexité de la mise en oeuvre des recommandations du Comité, il n'en demeure pas moins que la mission de cet expert s'étend très souvent au-delà d'une année. Elle n'est possible que pour l'exécution d'une tâche précise et seulement dans les limites de son mandat. En tout état de cause, le caractère temporel de la mission du rapporteur spécial chargé du suivi des constatations est une procédure ponctuelle à l'issue de laquelle le CDH exerce un droit de regard sur les suites étatiques réservées à ses constatations.

2- Une mission subordonnée au consentement de l'État

307. À mission spéciale correspond un consentement spécial. Cette précision rappelle que le rapporteur spécial chargé du suivi des constatations ne peut véritablement accomplir sa mission si l'État responsable des violations des droits civils et politiques accepte de mettre en œuvre les « décisions » du CDH. Le consentement exprimé par l'État mis en cause est un élément essentiel de la relation diplomatique *ad hoc* s entre l'État consentant et le rapporteur spécial. Cette relation diplomatique débouche ainsi sur une coopération entre le CDH et l'État concerné. En effet, le consentement peut s'entendre comme un accord par lequel l'État responsable des violations des droits civils et politiques s'engage à donner plein effet aux constatations du Comité sur son territoire avec l'assistance technique du rapporteur spécial.
Un tel accord spécial fait penser au caractère facultatif ou obligatoire du recours à une « *mission spéciale* » en matière de suivi des recommandations des Comités des droits de

[472] Boon (J.), *Les immunités des membres de missions spéciales auprès des États et des organisations internationales,* Mémoire, Louvain, 2018, p. 4.

l'homme en général. Les textes qui régissent l'organisation et le fonctionnement du CDH ne permettent pas de savoir si la mission spéciale du rapporteur chargé du suivi des constatations est obligatoire ou facultatif. La mission spéciale en droit international semble obligatoire en cas d'inexécution ou exécution partiellement satisfaisante des recommandations du Comité. Encore faut-il que l'État consente à recevoir ou à entrer en contact avec le rapporteur spécial sur son territoire. Dans cette occurrence, l'État reste libre même dans l'adoption des mesures qui lui semble appropriées pour donner effets aux constatations du CDH.

308. Le consentement de l'État est considéré comme le creuset de la mission spéciale d'assistance *« for the purpose of dealing with specific task in relation to it »* [473], notamment la mise en oeuvre des recommandations du Comité. Une visite *in situ* éventuelle sur le territoire d'un État Partie au Pacte ne peut avoir lieu qu'avec l'accord de ce dernier. Ce consentement peut être exprimé par la voie diplomatique ou par toute autre voie convenue ou mutuellement acceptable [474]. Quoi qu'il en soit, le consentement de l'État demeure la condition *sine qua none* en l'absence duquel la mission d'assistance n'a aucun sens. En devenant Partie au Pacte, les États acceptent de plein droit une assistance du rapporteur spécial dans l'éventualité d'un contentieux relatif aux difficultés d'exécution des constatations du CDH. La mission spéciale d'assistance du rapporteur spécial chargé du suivi des constatations doit *« répondre à une variété de situation tenant au rang des*

---

[473] High Court of justice (Divisionnal Court), *The freedom of justice party c. Secretary of State for foreign and Commonwealth affairs,* 5 août 2016, paragraphe 131.

[474] Amendement du Cameroun, du Canada, de la France, du Ghana, de, RU, de Tanzanie et du Royaume-Uni (A/C.6/L.663) adopté par 48 voix contre zéro et 27 abstention (1041ème séance).

personnes composant la mission, à la durée et à l'objet de cette mission »[475].

Paragraphe 2- La protection immunitaire du rapporteur spécial dans la jurisprudence

309. En tirant argument des avis de la CIJ, la protection immunitaire du rapporteur spécial chargé du suivi des constatations ne fait l'ombre d'aucun doute. Cette protection a été affirmée en termes d'immunité personnelle (A) et d'immunité fonctionnelle (B).

A- L'affirmation de l'immunité *ratione personae*

310. La jurisprudence de la CIJ est assez illustrative de l'immunité personnelle d'un rapporteur spécial. Les faits dans les affaires *Mazilu* et *Cumaraswamy* méritent d'être rappelés. M. Dumitru Mazilu, ressortissant roumain, était en effet un des rapporteurs spéciaux de la Sous-commission de la lutte contre les mesures discriminatoires et la protection des minorités, organe subsidiaire de la Commission des droits de l'homme des Nations Unies. Courant 1987, celui-ci avait été empêché par son gouvernement de remplir le mandat que lui avait confié la Sous-commission à Genève.

Dans l'affaire *Cumaraswamy* cependant, la commission des droits de l'homme nomma le 4 mars 1984 Dato Param Cumaraswamy en qualité de rapporteur spécial chargé de la question de l'indépendance des juges et des avocats. En novembre 1995, celui-ci accorda à la revue *International*

---

[475] Dehaussy (J.), « La commission du Droit international des Nations Unies », *op cit*, p. 439.

Commercial Litigation, une interview dans laquelle il commentait certaines affaires portées devant les tribunaux Malaisiens en critiquant le système judiciaire de la Malaisie. Suite à la publication d'un article relatant cet entretien et mentionnant la qualité du susnommé comme rapporteur spécial sur l'indépendance des juges et des avocats, plusieurs entreprises Malaisiennes engagèrent des poursuites contre M Cumaraswamy et réclamèrent réparation pour diffamation. C'est dans ces affaires que la CIJ était appelée à donner un avis sur la question de savoir si Mazilu et Cumaraswamy pouvaient bénéficier de la protection immunitaire prévue par la convention sur les privilèges et immunités des Nations Unies de 1946. Dans ses avis des 15 décembre 1989[476] et 29 avril 1999[477], la CIJ a reconnu le bénéfice des privilèges et immunités des N.U en faveur du rapporteur spécial. Cette juridiction a par cette occasion, implicitement admis l'indépendance du rapporteur spécial vis-à-vis de l'État (1) et une liberté d'action dans l'exercice de ses missions (2).

1- L'indépendance relationnelle

311. Parce que *« d'avis [du point de vue la CIJ] que la section 22 de l'article de la convention sur les privilèges et immunités des Nations Unies est applicable au cas de M. Dumitru Mazilu en sa qualité de rapporteur spécial de la Sous-commission de la lutte contre les mesures*

---

[476] CIJ, Applicabilité de la section 22 de l'article VI de la convention sur les privilèges et immunités des Nations Unies, Avis consultatif du 15 décembre 1989, pp. 177-199, Rec 1989.

[477] CIJ, Différend relatif à l'immunité de juridiction d'un rapporteur spécial de la commission des droits de l'homme, Avis consultatif du 29 avril 1999, pp. 62-91, Rec 1999.

discriminatoires et de la protection des minorités »,[478] le rapporteur spécial du CDH jouit d'une immunité incontestable et désormais reconnue en droit international. Cette immunité assure à celui-ci une indépendance sur le territoire de l'État mis en cause dans le cadre de la procédure de communication individuelle, conformément à l'adage *ne impediatur legatio*. En effet, l'indépendance est « *congénitale* »[479] à la mission de tout rapporteur spécial agissant en qualité d'expert. Sacro-saint principe du droit de l'exécution des décisions des comités de droits de l'homme, l'indépendance signifie dans sa généralité que « *l'agent diplomatique puisse avoir toute l'indépendance souhaitable vis-à-vis des autorités locales pour accomplir sa mission* »[480]. Ce principe fait d'ailleurs partie des traits caractéristiques du statut de fonctionnaire international. Analysé dans le cadre de la mission d'assistance, le principe d'indépendance s'entend d'une déontologie et d'une axiologie qu'il faut respecter et promouvoir dans le cadre des relations diplomatiques en droit de l'homme. C'est en quelque sorte un engagement sur l'honneur garanti par le serment préalable du rapporteur spécial.

312. L'indépendance s'apprécie à l'aune des rapports entre le rapporteur spécial et l'État convaincus des violations des droits civils et politiques. Deux constances se dégagent de cette relation diplomatique bilatérale. La première présente le rapporteur spécial comme cet expert qui accomplit essentiellement et exclusivement sa mission sous la direction et pour le compte du CDH. La deuxième fait

---

[478] Conformément au dispositif de l'Avis consultatif de la CIJ du 15 décembre 1989.

[479] Motulsky (H.), « Notions générales », cité par Leclerc (O.), « L'indépendance de l'expert », *L'expertise : enjeux et pratiques Lavoisier/Tec-Doc*, pp. 167-180, 2009.

[480] Wasfi (A.), *Les immunités diplomatiques en droit pénal*, Thèse, Reims Champagne-Ardenne, 2014, p. 21.

obligation au rapporteur spécial d'observer une certaine neutralité dans les affaires internes de l'État. Il doit s'abstenir de toute activité politique même s'il est citoyen de l'État concerné par les violations des droits civils et politiques. La mission du rapporteur spécial doit être accomplie en l'absence de toute influence externe en respectant une distance fonctionnelle vis-à-vis des organes de l'État. Il ne saurait par conséquent y avoir un lien de subordination, de collaboration ou de communauté d'intérêts quelconque avec l'État mis en cause.

313. L'indépendance résulte les dispositions du PIDCP et du règlement intérieur du CDH[481]. Elle n'est qu'une manifestation de « *manière transitive* »[482], de l'indépendance statutaire que les juridictions ou quasi-juridictions internationales exigent très souvent dans l'accomplissement de leurs missions. L'indépendance constitue au demeurant un gage d'efficacité de la procédure de mise en œuvre des constatations du Comité. « *Si l'indépendance constitue l'horizon vers lequel tendent les procédures d'expertise* »[483], il n'en demeure pas moins que la liberté d'action du rapporteur spécial sur le territoire de l'État, est fonction des privilèges et immunités.

---

[481] Les articles 38 du PIDCP et 16 du Règlement intérieur du CDH disposent que tout membre du Comité doit, avant d'entrer en fonctions, prendre en séance publique l'engagement solennel de s'acquitter de ses fonctions en toute impartialité et en toute conscience ainsi qu'il suit : « *Je m'engage solennellement à m'acquitter de mes fonctions de membre du Comité des droits de l'homme en toute impartialité et en toute conscience* ».

[482] Bouvet (R.), « L'indépendance de l'expert », *Revue juridique de l'Ouest*, n° spécial 2015, 20 ans de législation sanitaire. Bilan et perspectives. Colloque organisé par l'Association des Etudiants en Droit de la Santé (AEDS) pour les 20 ans du Master « Droit, Santé, Ethique » (1994-2014), pp. 61-72.

[483] Leclerc (O.), « L'indépendance de l'expert », *op.cit.*, p.168 et s.

2- La liberté d'action

314. Deux libertés seront ici évoquées pour cristalliser le contenu de la liberté d'action. Il s'agit de la liberté d'expression et de la liberté d'aller et venir parce qu'elles entretiennent un lien étroit avec la liberté d'action. Après avoir observé que les contacts avec les médias sont devenus une pratique courante des rapporteurs spéciaux, la CIJ a affirmé *« que Dato Param Cumaraswamy jouit de l'immunité de toute juridiction pour les paroles qu'il a prononcées au cours d'une interview, telles qu'elles ont été publiées dans un article du numéro de novembre 1995 de la revue international commercial litigation »* [484] . En s'exprimant en ces termes, le juge international a reconnu à tous les rapporteurs spéciaux en général et ceux de la Commission *onusienne* des droits de l'homme en particulier, la liberté d'expression dans l'exercice de leurs fonctions. Cette liberté qui fait corps avec la pratique des immunités *onusiennes*, occupe une place dans la tradition historique des relations diplomatiques *ad hoc*. Elle signifie qu'un rapporteur spécial fut-il du CDH, ne peut être poursuivi, recherché, arrêté, détenu ou jugé pour ses opinions et rapports formulés par lui dans l'exercice de ses missions.

315. Il en est de même des déclarations du rapporteur spécial faites dans un média. En effet, de telles déclarations échappent à la compétence de toutes les juridictions. La parole donnée dans ces conditions est solidement enracinée dans le droit des immunités de l'ONU. À l'image d'une

---

[484] CIJ, Différend relatif à l'immunité de juridiction d'un rapporteur spécial de la commission des droits de l'homme, Paragraphe 67, 1(b) du dispositif de l'Avis consultatif du 29 avril 1999, Rec 1999.

immunité *« des faits litigieux »* [485] , la protection immunitaire *onusienne* opère comme les immunités pénales prévues dans les incriminations de diffamation, d'injure et d'outrage. C'est pourquoi la reconnaissance de la liberté d'expression participe ainsi du processus de la sanctuarisation de la parole. Le droit à la parole donne donc la possibilité au rapporteur spécial du CDH de faire des observations à un État sous le couvert protecteur d'une immunité de juridiction dans le seul cadre bien compris de ses missions spéciales. Il accorde davantage le droit de penser, de communiquer et de recevoir des correspondances en toute circonstance[486].

316. Aucun comportement visant à intimider ou à nuire la réputation du rapporteur spécial sur le territoire de l'État n'est toléré. Même si cet expert n'a autant jamais eu le droit de tout dire dans l'exercice de ses fonctions, sa liberté d'expression a toujours été encadrée dans le respect d'autres valeurs telles que le serment. Le rapporteur spécial assermenté et chargé du suivi des constatations est tout de même soumis au respect de l'obligation de réserve, de l'obligation de ne rien publier ou de ne rien dire qui soit contraire à l'ordre public et aux bonnes mœurs de l'État d'accueil.

---

[485] Matringe (J.), « L'Affaire du différend relatif à l'immunité de juridiction d'un rapporteur spécial de la commission des droits de l'homme (C.I.J, Avis consultatif du 29 avril 1999) », *AFDI,* 1999, pp. 413-433.

[486] Cohen-Jonathan (G.), « Article 10 » dans la convention européenne des droits de l'homme. Commentaire article par article, cité par Zoe (B.), *Mise à l'épreuve de l'irresponsabilité parlementaire face aux droits d'autrui,* Mémoire, Université catholique de Louvain, 2015, p. 17.

317. La liberté d'aller et de venir[487]du rapporteur spécial sur le territoire de l'État d'accueil[488] a aussi été reconnue conformément au principe « *quando lex aliquid alicui concedit concedere videtur et id sine quo res ipsa esse non potest* »[489]. Sur le fondement de ce principe, le rapporteur spécial peut ainsi accomplir sa mission « *selon les circonstances et les nécessités du travail, soit dans son État d'origine, soit à l'étranger. Dans les deux cas, il bénéfice des privilèges et immunités prévus à la section 22 de la convention* »[490]. La liberté d'aller et venir et la protection immunitaire conséquente ne se limitent pas à la seule personne du rapporteur spécial, mais aussi dans une mesure raisonnable à sa famille[491].

B- L'immunité ratione materiae

318. L'immunité fonctionnelle a pour but non pas d'avantager la personne du rapporteur spécial, mais de garantir l'accomplissement efficace de sa mission d'assistance auprès de l'État débiteur de l'obligation d'exécuter les constatations du CDH. Cette immunité qui permet au rapporteur spécial de s'acquitter librement de ses

---

[487] Cassesse (A.) et Delmas-Marly (S.), *Crimes internationaux et juridiction nationale*, Puf, Paris, 2002, p.638.

[488] CIJ, Avis du 15 décembre 1989, opinion individuelle du juge Shahabudden, p. 220.

[489] Cet adage signifie que : lorsque la loi donne quelque chose à quelqu'un, elle lui donne aussi ce sans quoi la chose elle-même ne peut être ;

[490] David (E.), « L'Avis consultatif de la Cour internationale de justice du 15 décembre 1989 sur l'applicabilité de la section 22 de l'article VI de la convention sur les privilèges et immunités des Nations Unies (affaire Mazilu) », *AFDI*, vol 35, 1989, pp. 289-320.

[491] CIJ, Avis du 15 décembre 1989, opinion individuelle du juge Evensen, p. 210.

fonctions[492], protège le rapporteur spécial en mission (1) ainsi que les actes qu'il pose (2).

1- La protection du rapporteur spécial en mission

319. La CIJ n'a pas défini le statut d'expert en mission. Ce statut ne renvoie néanmoins pas à un expert en mouvement ou en déplacement à l'étranger. L'envisager ainsi serait réducteur de la mission spéciale des rapporteurs spéciaux. Point n'est besoin de discuter du concept d'« *expert en mission* », mais de s'inspirer des avis de la CIJ pour affirmer que l'expert en mission est titulaire du droit à l'immunité.

320. Pour parvenir à la conclusion selon laquelle « *la section 22 de l'article VI de la convention sur les privilèges et immunités est applicable au cas de* » Dimitru Mazilu et de Dato Param Cumaraswamy, la CIJ a estimé que ces derniers agissaient comme des experts en mission, et devaient être protégés comme tels. La mission visée par la section 22 s'entend de « *toutes les tâches confiées à une personne, que ces tâches impliquent ou non un déplacement* »[493]. La « *section 22 de la convention générale est applicable aux personnes [autres que les fonctionnaires de l'ONU] auxquelles une mission a été confiée par l'organisation et qui sont de ce fait en droit de bénéficier des privilèges et immunités prévus par ce texte pour exercer leurs fonctions en toute indépendance* »[494].

---

[492] CIJ, affaire Mandat d'arrêt du 11 avril 2000 *(République démocratique du Congo c. Belgique),* arrêt du 14 février 2002, Rec. CIJ, 2002, paragraphe 53.
[493] CIJ, affaire *Mazilu*, *op.cit.*, paragraphe 49.
[494] CIJ, affaire *Cumaraswamy*, *op.cit.*, p.177, paragraphe 52.

321. La Convention de l'ONU de 1946 sur les privilèges et immunités protège la mission d'assistance du rapporteur spécial sur le territoire de l'État convaincu des violations des droits civils et politiques. La protection de l'expert en mission sera mise en œuvre jusqu'à l'exécution satisfaisante des recommandations du Comité. Toutes les fois que le rapporteur spécial n'aura pas terminé sa mission, il sera toujours considéré comme un expert en mission aussi bien dans son pays de résidence qu'à l'extérieur. C'est pourquoi le cadre spatial n'est pas pris en considération pour évaluer l'application des règles relatives aux privilèges et immunités diplomatiques *ad hoc*.

2- La protection des actes du rapporteur spécial en mission

322. La problématique des actes matériels n'a pas été clairement abordée par la jurisprudence de la CIJ. Il convient néanmoins de relever que les actes matériels et juridiques du rapporteur spécial en mission sont protégés par les immunités et privilèges diplomatiques. Cette règle générale s'applique en ce qui concerne les actes du rapporteur spécial chargé du suivi des constatations. Ceux-ci déclinent d'ailleurs la substance de l'immunité dite matérielle dont bénéficie l'expert en mission. Loin de faire un inventaire des actes protégés par les immunités *onusiennes*, la question de leur nature va se poser.

323. La théorie de l'acte fonctionnel généralement développée en droit diplomatique et la théorie des actes rattachables rappelée en droit administratif, seront convoquées pour justifier le recours aux privilèges et immunités de Nations Unies. La théorie de l'acte privé exclut du champ des immunités diplomatiques et *onusiennes*, les agissements privés du rapporteur spécial qui n'ont aucun lien avec sa mission. Cette théorie ne peut par conséquent pas contribuer à la définition des actes matériels et juridiques protégés par les privilèges et immunités sus évoqués. Tirant argument de la théorie de l'acte fonctionnel cependant, la polémique existante autour de l'acte fonctionnel[495] ne fait pas obstacle à ce que cette théorie soit présentée pour être comprise.

324. Les actes officiels et les actes que l'expert en mission pose dans l'exercice de sa fonction entrent dans la catégorie des actes fonctionnels. Les premiers signifient que le rapporteur spécial pose des actes pour le compte de son mandant, tandis que les seconds sont les preuves de ce que l'expert en mission agit dans l'exercice de sa compétence d'attribution. Transposée dans le système universel de protection des droits de l'homme, la théorie de l'acte fonctionnel englobe l'ensemble des actes posés dans le cadre de la fonction quasi-juridictionnelle du Comité. C'est pourquoi cette quasi-juridiction doit veiller à la protection de son rapporteur spécial chargé du suivi des constatations, voire « *revendiquer [son] immunité* » [496] en toute circonstance. C'est conformément à la théorie de l'acte fonctionnel que les privilèges et immunités de la Convention ont été admis au bénéfice de *Mazilu* et de *Cuamaraswamy*.

325. Quelle théorie peut-on évoquer pour justifier l'immunité des actes préparatoires que le rapporteur spécial peut poser juste après sa désignation ou sa nomination et avant son voyage pour l'accomplissement effectif de sa

---

[495] Tachou-Sipowo (A.-G.), « L'immunité de l'acte de fonction et la responsabilité pénale pour crimes internationaux des gouvernants en exercice », *Revue de droit McGill*, 56(3), pp. 629-672.
[496] Salmon (J.), « L'immunité et actes de fonction », *AFDI*, vol 38, 1992, pp. 314-357.

mission ? Dans quelle catégorie d'actes (fonctionnels ou personnels) peut-on par exemple classer la réservation ou l'achat d'un billet d'avion dans le but de se rendre sur le territoire de l'État mis en cause ? La première question peut trouver sa réponse dans la théorie de l'acte rattachable que le droit international semble n'avoir pas énoncé en ces termes. Elle consiste à rattacher les actes préparatoires ayant un lien direct avec la mission confiée au rapporteur spécial. Cette théorie en vigueur en droit interne est bel et bien observée en droit international.

326. En réponse à la deuxième question, les actes préparatoires à la mission d'assistance du rapporteur spécial relèvent de la nomenclature des actes fonctionnels. Ces actes peuvent consister en des actes juridiques ou faits matériels nécessaires à la mise en œuvre de la mission de contrôle de l'application du PIDCP. Cette mission « *est donc dotée d'une force attractive qui lui permet d'attirer à elle les faits et actes visant exclusivement à sa réalisation* » [497] et à l'accomplissement de la mission d'assistance du rapporteur spécial chargé du suivi des constatations

* *

*

327. Trois remarques peuvent être faites dans les développements qui précèdent. D'abord, la mission d'assistance est intimement liée au système de suivi des constatations du CDH. Elle est destinée à lever tout obstacle ou difficulté relatif à la mise en œuvre des « décisions » du Comité. Ensuite, l'assistance intègre l'action du rapporteur

---

[497] Charles (H.), « "Actes rattachables" et "actes détachables" en droit administratif français (contribution à une théorie de l'opération administrative) », *Revue internationale de droit comparé,* vol n°4, 1968, pp. 771-775.

spécial lorsque celui-ci constate qu'un État n'a pas la volonté de mettre en œuvre les « décisions » du CDH. L'action du rapporteur spécial consiste « *à encourager [le Comité] à plus d'activisme judiciaire* »[498], à briser toute résistance ou dissiper toute mauvaise foi de l'État qui ne se conforme pas aux recommandations de l'organe de surveillance du Pacte. Enfin, l'accomplissement de la mission d'assistance emporte protection du rapporteur spécial chargé du suivi des constatations par référence au régime général des privilèges et immunités des experts *onusiens*.

---

[498] Lambert-Abdelgawad (E.), « L'exécution des décisions des juridictions européennes (Cour de justice des Communautés européennes et Cour européenne des droits de l'homme) », *op.cit.,* p. 696.

Conclusion de la Partie II

328. Ensemble de procédures destinées à protéger les droits civils et politiques, l'expertise du rapporteur spécial chargé du suivi des constatations est une mission expertale[499]de surveillance de l'application des dispositions du PIDCP. Cette mission est une garantie de la mise en œuvre des constatations en l'absence de laquelle le système *onusien* de protection des droits de l'homme serait sans âme. L'expertise du rapporteur spécial consiste à faire des recommandations au moyen de la technique de présentation des rapports pour rendre ainsi visible l'activité du Comité des droits de l'homme des Nations Unies.

[499] Dumoulin (L.), « L'expertise judiciaire dans la construction du jugement : de la ressource à la contrainte », *Droit et Société,* LGDJ, 2000, pp. 199-223 (à la page 4).

CONCLUSION GÉNÉRALE

329. À quoi tient la notion de chose constatée devant le Comité des droits de l'homme des Nations Unies ? Telle est la question qui a constitué le nœud de la présente analyse. Loin de confondre cette dernière avec l'autorité qu'elle pourrait revêtir, la chose constatée elle-même est pleine de significations théoriques et pratiques. Elle est perçue comme le résultat d'une technique d'examen des violations des droits civils et politiques d'une part, et comme le résultat d'une technique de mise en œuvre des constatations du Comité d'autre part. Cette notion procédurale est destinée non pas à trancher un litige, mais à mettre fin à l'existence d'une violation des droits civils et politiques constatées.

330. La chose constatée est intimement liée à l'office libéral[500] des experts du Comité. Elle porte en substance sur les droits et libertés des individus. Ceux-ci exercent alors un certain contrôle sur l'application des dispositions du PIDCP par les États Parties. En rappelant à ceux-ci qu'ils « *sont tenus de* », le Comité met ainsi en évidence la force obligatoire et le contenu obligationnel de ses constatations. Ça peut paraître surprenant ! La force obligatoire des décisions du Comité est contenue dans la locution « *être tenu de* » en vertu du principe *pacta sunt servanda*.

331. Au plan processuel, la chose constatée concerne non pas le pouvoir de trancher, mais le pouvoir de constater, d'expertiser les cas de violation des droits civils et politiques dans le cadre d'une procédure quasi-judiciaire. Bien qu'occupant une place particulière dans le système *onusien* de protection des droits de l'homme, le pouvoir de constater n'a pas fait l'objet d'une véritable organisation en

[500] Garapon (A.), Perdriolle (S.), Bernabé (B.), Kadri (C.), La prudence et l'autorité. L'office du juge au XXIème S, IHEJ, Rapport sur l'évolution de l'office du juge et son périmètre d'intervention, mai 2013, p. 125.

droit international. Plus qu'un simple travail de confrontation entre le fait illicite et la règle de droit, ce pouvoir s'est révélé comme le résultat d'une opération de contrôle qui consiste à vérifier la conventionalité de l'action des États Parties au PIDCP. C'est pourquoi le groupe de mots « *chose constatée* » se rapporte alors aux prérogatives que renferme le pouvoir de constater.

332. Théoriquement, le pouvoir de constater désigne le traitement d'une communication individuelle et concrètement, la cessation des violations des droits civils et politiques. Il concentre en son sein, les fondements anthropologiques du procès international, le temps, l'espace et les symboles sociaux.

333. Il résulte de ce qui précède que le pouvoir de constater veille au respect des dispositions du PIDCP en vertu du contrôle de la légalité conventionnelle. Il bénéficie d'une attention particulière au point d'être considéré comme un pouvoir qui permet de discipliner les États qui manqueraient à leurs obligations conventionnelles. Sous ce rapport, la procédure de communication individuelle apparait ainsi comme un recours incident en illégalité fondé sur les violations des dispositions conventionnelles du Pacte. Ce recours est une réalité devant la CDH même s'il ne transparait pas de la lettre des textes constitutifs de cet organe quasi-juridictionnel. C'est le Comité qui contrôle, applique et interprète la norme conventionnelle pour en faire une jurisprudence internationale en matière de droits de l'homme[501].

[501] Schmidt (M.), « Vers une jurisprudence internationale en matière de droits de l'homme – L'expérience du Comité des droits de l'homme », *in* Delas Olivier, Cote René, Crepeau François et Leuprecht Peter (dir), Les juridictions internationales : complémentarité ou concurrence ?,

334. « *La caractéristique de la légalité internationale est qu'elle est essentiellement déclaratoire. Mais ce n'est qu'une faiblesse apparente* »[502] . Contrairement à une idée répandue comme une trainée de poudre, les constatations du CDH sont revêtues d'une relative force exécutoire ou de la chose à exécuter *(res exsequenda*). La problématique de l'expertise du rapporteur spécial, a été l'occasion d'affirmer que la force exécutoire, quoique relative, existe bel et bien dans le système *onusien* de protection des droits de l'homme. Cette force est le gage de l'efficacité des « décisions » des quasi-juridictions en droit international des droits de l'homme. Cela peut paraître extraordinaire dès lors que les mécanismes de contrôle de la norme en *soft law* s'accommodent très peu de la notion de contrainte. À l'issue d'un contrôle des comportements étatiques, le CDH exerce une contrainte sur l'État responsable des violations des droits civils et politiques. La procédure de suivi est justement le moyen contraignant par lequel les États sont contraints de mettre en œuvre les constatations du Comité. C'est pour toutes ces raisons que nous pensons que le système *onusien* de protection des droits de l'homme dispose des mécanismes contraignants destinés à la mise en œuvre des constatations du CDH.

Bruxelles, *Bruylant, collection mondialisation et droits de l'homme,* 2005, pp. 163-168.

[502] Monique et Weyl (R.), « La légalité internationale, un concept à porter », *in Les cahiers de l'IDRP*, décembre 2009.

BIBLIOGRAPHIE INDICATIVE

I- Ouvrages

Akandji-Kombe (J.-F.), *Les obligations positives en vertu de la convention européenne des droits de l'homme*, 2006.

Arbour (J.-M.), *Droit international public*, 4ème éd., Cowansville (Qc), Yvon Blais, 2002.

Auby (J.-M.), **Auby (J.-B.)**, **Jean-Pierre (D.)**,**Taillefait (A.)**, *Droit de la fonction publique, Etat, collectivités locales, hôpitaux,* Dalloz, Précis, « Droit public et science politique », 6ème éd., 2009.

Basdevant (S.), *La condition juridique des fonctionnaires internationaux*, Paris, Sirey, 1930.

Bobbio (N), *Teoria generale del diritto, Torino, G. Giappicheli editore,* 1993.

Bergel (J-L), *Théorie générale du droit*, 4ème éd., Paris, Dalloz, 2003.

Champeil-Desplats (V.), « Penser l'efficacité de la norme », *Keio Hôgaku,* 2014.

Charley (C.), *Mirages et miroirs brisés : les victimes dans l'Ex-Yougoslavie,* Altamira, France, 1995.

Combacau (J.) et **Serge (S.)**, *Droit international public,* 5ème éd., Montchrestien, E.J.A, Paris, 2001.

Cornu (G.), *Vocabulaire juridique,* Association Henri Capitant, Puf, 11ème éd.

Côté-Harper (G.), **Rainville (P.)** et **Turgeon (J.)**, *Traité de droit pénal Canadien,* 4ème éd, Cowansville, Ed Yvon Blais, 1998.

Crawford (J.), *Les articles de la commission de droit international sur la responsabilité de l'Etat pour fait* *internationalement illicite. Introduction, texte et commentaire*, Paris, Pedone, 2003.

Dailler (P.) et **Pellet (A.)**, *Droit international public,* 7ème éd., LGDJ, Paris, 2002.

Dan (A.), *Le délit de commission par omission : éléments de droit suisse et comparé*, Genève, éd Schulthers. Romandes.

Decaux (E.), (dir), *Les Nations Unies et les droits de l'homme*, Paris, Pedone, 2006.

Forest (G.), *Essai sur la notion d'obligation en droit privé*, Dalloz, 2012.

Fortas (A.-C.), *La surveillance de l'exécution des arrêts et décisions des cours européenne et interaméricaine des droits de l'homme. Contribution à l'étude du contentieux international*, A. Pédone, 2015.

Gaudemet (E.), *Théorie générale des obligations*, Sirey, Paris, 1937.

Gaudemet (Y.), *Les méthodes du juge administratif,* LGDJ, 1972.

Généviève (V.), **Patrice (J.)**, **Jacques (G.)**, *Traité de droit civil : les conditions de la responsabilité (dommage, fait générateur, régimes spéciaux, causalité*), 3ème éd.; Paris, LGDJ, EIA, 2006.

Guinchard (S.), **Chainais (C.)** et **Ferrand (F.)**, *Procédure civile. Droit interne et droit de l'Union européenne*, 31ème éd., Dalloz, 2012.

Guinchard (S.), *Droit et pratique de la procédure civile*, Dalloz, Paris, 2006.

Guinchard (S.), **Chainais (C.)**, **Ferrand (F.)**, *Procédure civile. Droit interne et droit de l'Union européenne*, Dalloz, 31ème éd., 2012.

Hart (H.L.A), The concept of Law, Oxford, University Press, 1961.

Henkin (L.), The international Bill of rights : The covenant on civil and political rights, Nex-york, *Columbia University Press*, 198.
Hennebel (L.), *La jurisprudence du Comité des droits de l'homme des Nations Unies : Le Pacte international relatif aux droits civils et politiques et son mécanisme de protection individuelle*, Bruxelles, Bruylant, 2007.
Héron, *Droit judiciaire privé*, 4ème éd., Montchrestien, 2010.
Jeangène Vilmer (J.B.), *Réparer l'irréparable. Les réparations aux victimes devant la Cour Pénale Internationale,* Puf, 1ère éd., 2009.
Julia-Guillermet (C.), *La motivation des décisions de justice. La vertu pédagogique de la justice,* L'Harmattan, 2006.
Lambert-Faivre (Y.) et **Porchy-Simon (S.)**, *Droit du dommage corporel et systèmes d'indemnisation,* Précis Dalloz, 8ème éd., 2015.
Magali (L.), *Les droits de l'homme,* coll Que sais-je ?, Puf, 2008.
Merle (R.) et **Vitu (A.)**, *Traité de droit criminel*, vol 2, Procédure pénale, Paris, 2ème éd., Cujas, 1973.
Mbunja (Y.), *Les Revenants, Tome 1, Le juge d'instruction*, édition PRO, paragraphe 44.
Morand-Deviller (J.), *Cours de droit administratif des Biens*, 2ème éd., Paris, Ed Montchrestien, 2001.
Plouvier (L.), *Les décisions de la Cour de justice des Communautés européennes et leurs effets juridiques,* Bruxelles, Bruylant, 1975.
Pradel (J.), *Procédure pénale comparée dans les systèmes modernes : rapports de synthèse des colloques de l'ISISC,* Toulouse, Erès, 1998.
Prairat (E.), *La sanction en éducation*, Puf, « Que sais-je ? », 2003.

Reuter (P.), *Droit international public*, 1ère éd., Puf, Paris, 1958.
Ricœur (P.), Le concept de responsabilité Essai d'analyse sémantique, in Le Juste, éd Esprit Coll philosophie, 1995, p 41 et s.
Roman (D.), *Lustration and Transitional Justice : Personnal Systems in the Czech Republic, Hungary and Poland Philadelphia*, University of Pensylvania Press, 2011.
Sudre (F.), *Droit européen et international des droits de l'homme*, Paris, PUF, 2003, p 605.
Tourneau (P.), *Droit de la responsabilité et des contrats,* Dalloz, 8ème éd., 2011.
Salas (D.), *Victimes de guerre en quête de justice : faire entendre leurs voix et les pérenniser dans l'Histoire,* France, ENM, L'Harmattan, Novembre 2004.
Solus (H.) et **Perrot (R.)**, *Droit judiciaire privé*, Sirey, 1961.
Vincent (J.) et **Guinchard (S.)**, *Procédure civile*, Précis Dalloz, 26ème éd., 2001.
Viney (G.) et **Jourdain (P.)**, *Traité de droit civil, les effets de la responsabilité,* J. Ghestin (dir), 3ème éd., LGDJ, 2010.

II- Thèses et mémoires

Ailincai (M.), *Le suivi du respect des droits de l'homme au sein du Conseil de l'Europe. Contribution à la théorie du contrôle international*, Thèse, Grenoble 2, 2009.
Blery (C.), *L'efficacité substantielle des jugements civils,* Thèse, Caen, 1994.
Boon (J.), *Les immunités des membres de missions spéciales auprès des Etats et des organisations internationales*, Mémoire, Louvain, 2018.

Borsus (H.), *La place de l'individu dans le système de la responsabilité internationale*, mémoire, Université catholique de Louvain, 2016.

Cassan (H.), *Les garanties d'exécution des obligations en droit international public*, Thèse, Montpellier, 1974.

Castiel (C.), *Le Comité des droits de l'homme des Nations Unies,* Mémoire, Rennes, 2015.

Cholet (D.), *La célérité de la procédure en droit processuel*, Thèse, Poitiers, 2003.

Cornette (F.), *La notification internationale des actes,* Thèse, Rouen, 2011.

Defossez (M.), *Les victimes collectives en droit pénal des affaires*, Thèse, Lille II, 1978.

Denimal (M.), *La réparation intégrale du préjudice corporel : réalités et perspectives*, Thèse, Lille II, 2016.

Gauthier (J.), *Le contrat au sein de l'emploi public administratif territorial,* Thèse, Lille, 2017.

Giudicelli-Delage (G.), *La motivation des décisions de justice*, Thèse, Poitiers, 1979.

Guimdo Dongmo (B.-R.), *Le juge administratif camerounais et l'urgence : Recherches sur la place de l'urgence dans le contentieux administratif camerounais,* Thèse, Yaoundé II, 2004.

Houédjinssin (A.), *Les victimes devant les juridictions pénales internationales,* Thèse, Grenoble, 2011.

Lamau (P.), *La place de la victime dans le procès pénal*, Mémoire, Paris II, 2010,

Laurent Berthier, *La qualité de la justice,* Thèse, Limoges, 2011, p 270 ;

Laval (P.F.), *La compétence ratione temporis des juridictions internationales*, Thèse, Université Montesquieu Bordeau, IV, 2011.

Lemasson (A.-T.), *La victime devant la justice pénale internationale*, Thèse, Limoges, 2010.

Masudi Kandolo (P.), *Des obligations positives de l'Etat congolais face à la protection du droit à la vie de 2007-2009*, Mémoire, université officielle de Bukavu, 2009.

Mballa Emotho (B.C.), *Voie de fait administrative et compétence juridictionnelle au Cameroun*, Thèse, Dschang, 2020.

Mbara à Betsem (G.D.), *La victime devant la cour pénale internationale*, Thèse, Yaoundé II, 2018.

Ouedraogo (B.P.), *Le statut juridique du fonctionnaire international sous l'angle des fonctionnaires de l'Organisation des Nations Unies et des fonctionnaires des communautés européennes : Contribution à l'actualité de la notion de fonctionnaire international*, Thèse, Bretagne Occidentale, 2012.

Piot (P.), *Du caractère public du procès pénal*, Thèse, Lorraine, 2012.

Segaud (J.), *Essai sur l'action publique*, Thèse, Reims Champagne-Ardenne, 2010.

Touonang Tekendo (T.), *Les obligations objectives en droit international,* Thèse, Yaoundé II, 2012.

Verges (E.), *Les principes directeurs du procès judiciaire. Etude d'une catégorie juridique,* Thèse, Aix-Marseille, 2000.

Wasfi (A.), *Les immunités diplomatiques en droit pénal,* Thèse, Reims Champagne-Ardenne, 2014.

Zoe (B.), *Mise à l'épreuve de l'irresponsabilité parlementaire face aux droits d'autrui*, Mémoire, Université catholique de Louvain, 2015.

III- Articles de revues

Albine (G.), « Les observations générales, une technique d'élargissement des droits de l'homme », *RTDH*, 2008, pp. 451-481.

Ancel (P.), « Force obligatoire et contenu obligationnel du contrat », *RTDCiv*, 1999, pp. 771-810

Barrière (C.), « Logique judiciaire et logique de l'efficience », communication aux XXème journées de l'association d'économie sociale, Toulouse, septembre 2000, in Efficacité versus équité en économie sociale, *L'Harmattan*, 2000, T1, pp. 103-105.

Belaid (S.), « Essai sur le pouvoir créateur et normatif du juge », *RIDC*, vol 27, 1975, pp. 955-958.

Belanger (M.), « Origine et histoire du concept de santé en tant que droit de la personne », *Journal international bioéthique,* 1998, vol 9, n°3, pp. 57-61.

Bélot (F.), « Pour une reconnaissance de la notion de préjudice économique en droit français », *LPA*, 2005, n°258, p 8 et s.

Blery (C.), « Qu'est-ce que l'autorité de la chose jugée ? Une question d'école ? », *Procédures,* août 2007, étude 11, p. 6 et s.

Bonin (J.-F.), « La protection contre la torture et les traitements cruels, inhumains et dégradants : l'affirmation d'une norme et l'évolution d'une définition en droit international », *RQDI,* vol 3, 1986, pp.3 - 174.

Bugnion (F.), « Le Comité International de la Croix Rouge et la protection des victimes de la guerre », *RICR,* n°775, 2005, pp .117-121.

Cassan (H.), « Le consensus dans la pratique des Nations Unies », *AFDI,* vol 20, 1974, pp. 456 - 486 (à la page 474).

Cavaré (L.), « La notion de juridiction internationale », *AFDI,* 1956, pp.496-509.

Cazala (J.), « Les tentatives de densification normative en droit international public. L'exemple de l'activité des organes de contrôle dans le domaine des droits de l'homme », *in C.Thibierge (dir), La densification normative,* Paris, Mare et Martin, 2013, pp.389-404.

Chanet (C.), « L'interdiction absolue de la torture », *Droits fondamentaux*, n°6, 2006, pp 1-3.
Chanet (C.), « Le système des communications et l'avenir du contentieux », in *Les Nations Unies et les droits de l'homme* (dir) Emmanuel Décaux, Pédone, Paris, 2006, pp. 271-276.
Charles (H.), « « Actes rattachables » et « actes détachables » en droit administratif français (contribution à une théorie de l'opération administrative) », *Revue internationale de droit comparé*, vol n°4, 1968, pp.771-775.
Claudio (A.), « La maitrise du temps en droit processuel », *jurisdoctoria*, n°3, 2009, pp. 21-43.
Cosnard (H.-D.), « La lettre missive, acte de procédure », *Dalloz* 1960. Chrono. 97, pp. 97-100.
Debray, « La lettre recommandée dans la procédure civile et commerciale », *Dalloz-Sirey*. 1968. Chron. 155. A, pp. 155-162.
Couture (E.J.), « La chose jugée comme présomption légale. Note critique sur les articles 1349 et 1350 du code civil », *RIDC*, vol 6, 1954, pp.681-701.
Côté-Harper (G.), « Le Comité des droits de l'homme des Nations Unies », *Les Cahiers du droit,* 28(3), pp. 533-546.
Côté (M.-J.), « Le recours au comité des droits de l'homme de l'ONU : une illusion ? » *Les cahiers de droit*, 26(2), pp.531-547.
Crocq (L.), « Intervention médico-psychologique auprès des victimes : le résaeu des cellules d'urgence médico-psychologiques », in (dir), *Robert Carion, Denis Salas, Œuvre de justice et victimes, L'Harmattan,* pp. 189-201.
Da Mota Bolfarini (I. C.), « L'emprise du droit international sur la violence physique », *AMDI*, pp.219-249.
David (E.), « L'Avis consultatif de la Cour internationale de justice du 15 décembre 1989 sur l'applicabilité de la

section 22 de l'article VI de la convention sur les privilèges et immunités des Nations Unies (affaire Mazilu) », *AFDI*, vol 35, 1989, pp.289-320.

D'argent (P.), « Le contenu de l'omission illicite : non utilisation des moyens raisonnables », in. Cassella, SFDI, *Le standard de due diligence et la responsabilité,* Pedone, Paris 2018, pp.255-278.

D'Argent (P.), « Le droit de la responsabilité internationale complété ? Examen des principes fondamentaux et directives concernant le droit à un recours et à réparation des victimes de violations flagrantes du droit international des droits de l'homme et de violations graves du droit international humanitaire », *AFDI,* vol 51, 2005, pp. 27-55.

Dehaussy (J.), « La Commission du Droit international des Nations Unies », *AFDI,* vol 13, 1967, pp.434 - 445.

De Nanteuil (A.), L'observateur des Nations Unies, vol 28 (2010-1) : « Quelle place pour la victime en droit international », *AFDI,* vol 56, 2010, pp.1045 - 1046.

Delas (O.), **Thouvenot (M.)** et **Bergeron-Boutin (V.)**, « Quelques considérations entourant la portée des décisions du comité des droits de l'homme », *RQDI*, 30.2 (2017), pp. 1 - 49.

Deumier (P.), « Les communiqués de la cour de cassation : d'une source d'information à une source d'interprétation », *RTD Civ,* 2006, n°3, pp. 510.

Devillard (A.), « L'obligation de faire respecter le droit international humanitaire : l'article 1 commun aux conventions de Genève et à leur premier Protocole additionnel, fondement d'un droit international humanitaire ? », *RQDI,* vol 20-2, 2007, pp.75-129.

Dominicé (Ch.), « Observations sur les droits de l'Etat victime d'un fait international illicite », *in L'ordre juridique international entre tradition et innovation. Recueil d'études*, *PUF*, 1997, pp. 265-266.

Donnarumma (M.R.), « La convention sur les missions spéciales », *R.DB.I*, 1972, pp.434-445.
Dumoulin (L.), « L'expertise judiciaire dans la construction du jugement : de la ressource à la contrainte », *Droit et Société, LGDJ*, 2000, pp.199 - 223.
Dupuy (P.-M.), « L'Unité de l'ordre juridique international : Cours général de droit international public (2000) *», in Recueil des Cours de l »Académie de droit international,* vol 297, 2002, pp. 9-489.
Dupuy (P.-M.), « L'obligation en droit international », *AFDI, L'obligation*, t 44 (p 224), 2000, pp. 217 - 231.
Dutti (M.T.) et **Pellandini (C.)**, « Le Comité International de la Croix-Rouge et mise en œuvre du système de répression des infractions aux règles du droit international humanitaire », *RICR*, mai-juin 1994, n°807, pp. 264 - 279.
Flory (M.), « Les définitions en droit international », *Revue de recherche juridique*. Droit prospectif, 1986/4, pp. 458-467.
Flory (M.), « Le couple Etat-territoire en droit international contemporain », *Cultures & conflits*, pp. 1 - 12.
Foucher (P.), « L'action de groupe : vers une consécration ? », INC Hebdo, n°1348 du 20-26 juin 2005, pp 1-8. Garapon (A), « Un nouveau modèle de justice : efficacité, acteur stratégique, sécurité », *Esprit*, 2008/11 novembre, pp. 1-3.
Garapon (A.), « Un nouveau modèle de justice : efficacité, acteur stratégique, sécurité », *Esprit*, 2008/11 novembre, pp. 98-112.
Gutierrez (L-M.), « Les réparations transformatrices. Une nouvelle approche des réparations dans la justice transitionnelle », *RTDH*, n°98, pp. 419 - 436.
Hennebel (L.), « Chronique des décisions du Comité des droits de l'homme (2007-2010) », *RTDH*, n°87, juill 2011, pp. 545-593.

Henry (S.), « Le pouvoir de sanction des mécanismes internationaux de règlement des différends dans le domaine de l'environnement », *RJE*, 2014, vol 39, pp. 211-227.

Hicham (B.), « Les rapports alternatifs dans le système de protection des droits de l'homme de l'ONU », notes de recherche, 16 avril 2016, *RQDI*, https//www.sqdi.org/fr/rapports-alternaifs-système-de-protection-droits-de-lhomme-de-lonu

Japiot (R.), « Les actions et demandes en justice », *RTD Civ,* 1915, pp. 419-420.

Jeammaud (A.), « Le concept d'effectivité du droit », *in Philippe Auvergnon* (dir), *L'effectivité du droit du travail : à quelles conditions ?,* Acte du séminaire international de droit comparé du travail, des relations professionnelles et de la sécurité sociale, COMPTRASEC, 2006, pp. 715-732.

Jouanet (E.), « La notion de jurisprudence internationale en question » in *La juridictionnalisation du droit international*, colloque de la SFDI de Lille, Paris, *Pédone*, 2003, pp. 343-392.

Kamto (M.), « La volonté de l'Etat en droit international », RCADI, Leiden/Boston, Martinus Nijhoff Publishers, 2007, pp. 58-59

Kerbrat (Y.), **Hennebel (L.)**, « Aspects de droit international général dans la pratique des comités institués par les Nations Unies dans le domaine des droits de l'homme », *AFDI*, vol 58, 2012, pp. 699 - 713.

Kerbrat (Y.), « Aspects de droit international général dans la pratique des comités établis au sein des Nations Unies dans le domaine des droits de l'homme (2006-2007) », *AFDI,* vol 53, 2007, pp. 584 - 607.

Kerbrat (Y.), « Aspects de droit international général dans la pratique des Comités institués par les Nations Unies dans le domaine des droits de l'homme (2008-2009) », *AFDI*, vol 55, 2009, pp. 559 - 573.

Kervegan (J.-F.), «En quel sens le droit est-il un système de normes ? », https//www.sophiapol.hypotheses.org, 2010, pp. 1-8.
Lambert-Abdelgawad (E.), « L'exécution des décisions des juridictions européennes (cour de justice des communautés européennes et cour européenne des droits de l'homme) », *AFDI,* vol 52, 2006, pp. 677 - 724.
Leben (Ch.), « Un nouveau bilan des théories et réalités du droit international : le cours général de Pierre-Marie Dupuy (R.C.A.D.I, 2002, tome 297) », *RGDIP*, 2005, pp. 87 - 89.
Le Bris (C.), « L'Humanité juridique, une sphère infinie dont le centre est partout, la circonférence nulle part », *R.I.E.J,* 2012/2, pp. 1 - 59.
Leroy (Y.), « La notion d'effectivité du droit », *in Droit et Société*, 2011/3, n°79, pp. 715 - 732.
Lubell (N.), « Les obligations relatives aux droits de l'homme dans le cadre de l'occupation militaire », *RICR,* vol, 94, n°885, 2012, pp. 317 - 337.
Mainguy (D.), « L'introduction en droit français des class actions », in actualité de droit de la consommation, *INC*, 2005, pp. 21-23.
Martin (G.J.), « Mesures provisoires et irréversibilité en droit français », *Revue juridique de l'Environnement*, pp. 131-141.
Massida (P.), « Les demandes collectives de participation des victimes devant la cour pénale internationale » Bull, *GTDV*, printemps 2012, n°20, pp. 1-10.
Masson (A.), « Les stratégies de réduction du risque de class action dans un cadre international », *Revue Lamy de la concurrence*, n°28, juillet-septembre 2011, pp. 171 - 174.
Martin (D.), « Egalité, égalité de traitement et discrimination en droit communautaire : 1+1+1=3…ou 1 ? », *Revue de jurisprudence sociale,* vol 12, 2008, pp. 947 – 954.

Matringe (J.), « L'Affaire du différend relatif à l'immunité de juridiction d'un rapporteur spécial de la commission des droits de l'homme (C.I.J, Avis consultatif du 29 avril 1999) », *AFDI*, 1999, pp. 413 - 433.
Monique et Weyl (R.), « La légalité internationale, un concept à porter », *in Les cahiers de l'IDRP,* décembre 2009. pp. 1-5
Morin (A.), « Pour l'instauration en France d'une procédure d'action de groupe-Typologie des litiges de consommation et réponses judiciaires », *RT du ressort de la Cour d'Appel de Versailles,* n°9, juin 1989.
Mourgeon (J.), « Les pactes internationaux relatifs aux droits de l'homme », *AFDI,* 1967, pp. 326 - 363.
Mourgeon (J.), « Les sessions peu ordinaires de l'Assemblée Générale des Nations Unies », *AFDI,* vol 25, 1979, pp. 491 - 500.
Muller (D.), « Le prix de la vie humain : La réparation des dommages en cas de pertes de vies humaines dans le droit de la responsabilité internationale », *AFDI*, vol 60, 2014, pp. 429 - 465.
Oumba (P.), « Juridictions internationales et procédures d'urgence en matière des droits de l'homme », *Cahiers africains des droits de l'homme*, 2011, pp. 341-366.
Oumba (P.), « Les mécanismes de contrôle et de garantie des droits de l'homme », Master *DIDH, UCAC*, 2016, pp. 1-32.
Palluel (C.), « La prévention des violations dans le droit de la Convention européenne des Droits de l'Homme : entre effectivité et efficacité », *Jurisdoctoria,* n°13, 2016, pp. 75 - 105.
Pambou Tchivounda (G.), « Recherche sur l'urgence en droit administratif français », *RDP,* 1983, pp. 81-135.
Pellet (A.), « Le droit international à l'aube du XXIème siècle (La société internationale contemporaine-

Permanences et tendances nouvelles) », *CEBDI,* 1997, pp. 19-46.
Picard (E.), « Introduction générale : la fonction de l'ordre public dans l'ordre juridique », *in Marie-Joelle Rédor* (dir), l'ordre public. Ordre public ou ordres publics. Ordres publics et droits fondamentaux. (Actes du colloque de Caen des jeudi 11 et vendredi 12 mai 2000), Bruxelles, *Bruylant,* 2001, pp. 17-18.
Picavet (E.), « Règles et commandements d'après la théorie de Hart », in *Kelsen et Hart. La norme et la conduite*, Puf, 2000, pp. 61-91.
Plouffe-Malette (K.), « Olivier Delas, le principe de non-refoulement dans la jurisprudence internationale des droits de l'homme : De la consécration à la contestation », *RQDI,* 2012, pp. 239-244.
Pollman (C.), «Le contentieux comme foyer de création concrète et progressive du droit », *R.I.E.J*, 2008/2, vol 61, pp. 91 - 108.
Quirico (O.), « Droit « Flou », Droit « Doux » ou Droit « Mou » ? Brèves réflexions sur la « texture » des mesures conservatoires et des constatations dans les procédures individuelles devant le comité des droits de l'homme », in *Unité et diversité du droit international*, Martinus Nijhoff Publishers, Leiden. Boston, 2014, pp. 875 – 887
Renaudie (O.), « Les communiqués de presse du Conseil d'Etat : outil pédagogique ou support de communication ? », *in La pédagogie au service du droit* (en ligne), Toulouse : Presse de l'université de Toulouse 1, Capitole 2011, disponible http//books.openedition.org/putc/452
Salmon (J.), « L'immunité et actes de fonction », *AFDI*, vol 38, 1992, pp. 314 - 357.
Sicilianos (L.A.), « Classification des obligations et dimensions multilatérales de la responsabilité internationale », in P-M Dupuy (dir publ), *Obligations*

multilatérales, droit impératif et responsabilité internationale des Etats, Colloque de Florence des 7 et 8 décembre 2001, Paris, Pedone, 2003, p. 57.2000, p 22, pp. 199 - 223.

Sudre (F.), « Les obligations positives dans la jurisprudence européenne des droits de l'homme », in *Mélanges en l'honneur* de R. RYSSDAL, *Protection des droits de l'homme : la perspective européenne,* Carl Heymanns Verlag KG, 2000, pp. 1359-1376.

Tachou-Sipowo (A.-G.), « L'immunité de l'acte de fonction et la responsabilité pénale pour crimes internationaux des gouvernants en exercice », *Revue de droit McGill*, 56(3), pp. 629 - 672.

Ted (P.), « Contribution des procédures spéciales de l'ONU à la mise en œuvre au niveau national des normes relatives aux droits de l'homme », *RIDH,* vol 15, 2011, pp. 206 - 231.

Thibierge (C.), « Le droit souple. Réflexion sur les textures du droit », *Revue trimestrielle de droit civil*, 102 (4), 2003, pp. 599-627.

Tigroudja (H.), « La satisfaction et les garanties de non répétition de l'illicite dans le contentieux interaméricain des droits de l'homme », in *Réparer les violations graves et massives des droits de l'homme : La cour interaméricaine pionnière et modèle ?* Elisabeth Abdelgawad et Kathia Martin-Chenut, Paris, UMR, 2010, pp. 6 - 89.

Vervaele (J.A.E.), « Violations graves des droits de l'homme et crimes internationaux. Du *jus (non) puniendi* de l'Etat nation à un *deber puniendi* impératif tiré du jus cogens *», Revue de Science Criminelle et de droit pénal comparé,* 2004/3, n°3, pp. 487 - 521.

Virally (M.), « La valeur juridique des recommandations des organisations internationales », *AFDI,* vol 2, 1956, pp. 66 - 96

Weckel (P.), « Les suites des décisions de la Cour internationale de justice », *AFDI*, vol 42, 1996, pp. 428 - 442.
Wiebringhans (H.), « La règle de l'épuisement préalable des voies de recours internes dans la jurisprudence de la commission européenne des droits de l'homme », *AFDI*, vol 5, 1969, pp. 685 - 704.
Wierderkehr (G.), « Sens, Signifiance et Signification de l'autorité de la chose jugée », *in Mélanges Normand*, éd. du Juris-Classeur, 2003, pp. 507 - 518
Yann (K.), « Aspects de droit international général dans la pratique des comités institués par les Nations Unies dans le domaine des droits de l'homme », *AFDI*, vol 58, pp. 699 - 713.
Zani (M.), « Le Conseil des droits de l'homme des Nations Unies. Un mécanisme d'affaiblissement ou de renforcement des procédures de contrôle ? », *Etudes internationales*, 39 (3), pp. 433 - 452.

IV- Instruments juridiques internationaux

La Charte des Nations Unies du 26 juin 1945.
La Convention sur les privilèges et immunités des Nations Unies, approuvée par l'Assemblée Générale des Nations Unies le 13 février 1946.
Le Pacte international relatif aux droits civils et politiques, entré en vigueur le 23 mars 1966.
La Convention de Vienne du 23 mai 1969.
La Convention sur les missions spéciales, adoptée par l'Assemblée générale des Nations Unies du 8 décembre 1969.
Le Protocole facultatif se rapportant au Pacte international relatif aux droits civils et politiques, entrée en vigueur le 23 mars 1976.

Le Règlement intérieur du Comité des droits de l'homme du 26 juillet 1989.
Le Projet d'articles sur la responsabilité de l'Etat pour fait illicite internationalement illicite du 12 décembre 2001.
Les principes fondamentaux et directives concernant le droit à un recours et à réparation des victimes de violations flagrantes du droit international des droits de l'homme et de violations graves du droit international humanitaire du 16 décembre 2005.

V- Jurisprudence du Comité des droits de l'homme des Nations unies

Communication n°1515/2006, *Schmidl c. République Tchèque* (Décision adoptée le 1er avril 2008)
Communication n°1419/2005, *Lorenzo c. Italie* (Constatations adoptées le 24 juillet 2007)
Communication n°1416/2005, *Alzery c. Suède* (Constatations adoptées le 25 octobre 2006) ;
Communication n°1386/2005, *Winker c. Autriche*, (Constatations adoptées le 24 juillet 2007)
Communication n°1446/2006, *Wdowiak c. Pologne* (Constatations adoptées le 31 octobre 2006).
Communication n°1386/2005, *Tchanko Roussev Gueorguiev c. Espagne* (Constatations adoptées le 24 juillet 2007).
Communication, n°1454/2006, *Lederbauer c. Autriche* (Constatations adoptées le 13 juillet 2007)
Communication n°1619/2007, *Felipe et Evelyn Pestano c. Philippines* (Constatations adoptées le 23 mars 2010).
Communication n°1353/2005, *Afuson c. Cameroun* (Constatations adoptées le 19 mars 2007).
Communication n°541/1993, *Errols Simms c. Jamaïque* (Décision adoptée le « avril 1995).

Communication n°1486/2006, *Kalamiotis c. Grèce* (Constatations adoptées le 24 juillet 2008).
Communication n°2094/2011 et n°2136/2012, *M.M.M et Consorts c. Australie* (Constatations adoptées les 25 et 26 juillet 2013).
Communications n°146/1983 et 148 à 154/1983, *John Khemraadi Baboeram, André Kamperveen Cornelis Harold Riedewald, Edmund Alexander Hoost et autres c. Suriname* (Constatations adoptées le 04 avril 1985).
Communication n°989/2001, *Walter Kollar c. Autriche* (Décisions adoptées le 22 septembre 2003).
Communication n°1397/2005, *Pierre Désiré Engo c. Cameroun (Constatations adoptées le* 30 mars 2005).
Communication n°89/1981, *Paavo Muhonen c. Finlande* (Constatations adoptées le 8 avril 1985).
Communication n°1539/2006, *Munaf c. Roumanie* (Constatations adoptées le 30 juillet 2009).
Communication n°1186/2003, *Dorothy Kakem Tiatiahonjo c. Cameroun* (Constatations adoptées le 26 octobre 2007).
Communication n°1412/2005, *Butovenko c. Ukraine* (Constatations adoptées le 19 juillet 2011).
Communication n°1633/2007, *Avadanov c. Azerbaïdjan* (Constatations adoptées le 25 octobre 2010).
Communication n°1134/2002, *Gorji-Dinka c. Cameroun* (Constatations adoptées le 17 mars 2005).
Communication n°24/1997, *S. Lovelace c. Canada* (Constatations adoptées le 30 juillet 1981).
Communication n°612/1995, *Vicente et Consorts c. Colombie (*Constatations adoptées le 29 juillet 1997).
Communication n°1003/2001, *P.L c. Allemagne* (Décision adoptée le 22 octobre 2003).
Communication n°433/1990, *Affaire A.P.A c. Espagne* (Décision adoptée le 25 mars 1994)

Communication n°6/1977, *Millan Sequeira c. Uruguay* (Constatations adoptées le 29 juillet 1980).
Communication n°1115/2002, *Werner Peterson c. Allemagne* (Décision adoptée le 1er avril 2004).
Communication n°998/2001, *Rupert Althammer et consorts c. Autriche* (Constatations adoptées le 08 août 2003).
Communication n°136/1983, *SGFC c. Uruguay* (Décision adoptée le 25 juillet 1983).
Communication n°78/1980, *Mikmaq Tribal Society c. Canada* (Décision adoptée le 20juillet 1984).
Communication n°137/1983, *JF c. Uruguay* (Décision adoptée le 25 juillet 1983).
Communication n°163/1984, *Coordinamento (groupe d'association de défense des droits des personnes invalides et handicapées en Italie) c. L'Italie* (Décision adoptée le 10 avril 1984).
Communication n°1355/2005, *Raul Sendic Antonaccio c. Uruguay* (Constatations adoptées le 28 octobre 1981).
Communication n°2660/2015, *Urbain Olanguena Awono c. Cameroun* (Constatations adoptées le 19 juillet 2018).
Communication n°917/2000, *Arutyunyan c. Ouzbékistan* (Constatations adoptées le 13 mai 2004).
Communication n°167/1984, *Ominayak, chef de la bande du lac lubicon c. Canada* (Constatations adoptées le 26 mars 1990).
Communication n°541/1993, *Errol Simms c. Jamaique* (Décision adoptée le 03 avril 1995).
Communication n°1188/2003, *Rieadl-Riedenstein et consort c. Allemagne* (Décision adoptée le 20 mars 2007).
Communication n°1447/2006, *Amirov c. Fédération de Russie* (Constatations adoptées le 02 avril 2009).

VI- Observations générales du Comité des droits de l'homme des Nations Unies

Observation générale n°06, Article 6 (Droit à la vie). Documents officiels de l'Assemblée générale, 37ème session, Suppl n°40.
Observation générale du comité sur les articles 7 et 10 du Pacte international relatif aux droits civils et politiques.
Observation générale n°15 sur la situation des étrangers au regard du Pacte.
Observation générale n°24 sur les questions concernant les réserves formulées au moment de la ratification du Pacte ou des Protocoles facultatifs ou de l'adhésion à ces instruments, ou en rapport avec des déclarations formulées au titre de l'article 41 du Pacte (CCPR/C/21Rev.1/Add.6) du 11 novembre 1994
Observation générale n°31 du 26 mai 2004 sur la nature de l'obligation juridique générale imposée aux Parties au Pacte adoptée le 29 mars 2004
Observation générale n°33 sur les obligations des Etats parties en vertu du protocole facultatif se rapportant au pacte international relatif aux droits civils et politiques (Doc off CES.NU, Doc NUCCPR/C/GC33), 25 juin 2009.

VII- Arrêts et ordonnances la Cour permanente de justice internationale

C.P.J.I, *Concession Mavromatis en Palestine (Grèce c ; Grande-Bretagne)*, arrêt du 30 août 1924, Série A, n°2.
C.P.J.I, Usine de Chorzow (Allemagne c. Pologne), arrêt du 26 juillet 1927, Série A, n°9.
C.P.J.I, *Lotus (France c. Turquie),* arrêt du 7 septembre 1927, Série A, n°10.

VIII- Arrêts et ordonnances de la cour internationale de Justice

C.I.J, *Détroit de Corfu (Royaume-Uni c. Albanie),* arrêt du 9 avril 1949 (fond), Rec 1949 C.I.J, *l'Interhandel*, arrêt du 21 novembre 1959, Rec 1959.
C.I.J, Affaire du personnel diplomatique et consulaire des Etats-Unis à Téhéran (*Etats-Unis c. Iran),* ordonnance du 15 décembre 1979 (mesures conservatoires), Rec 1979 ; arrêt du 24 mai 1980, Rec 1980.
C.I.J, Licéité de l'utilisation des armes nucléaires par un Etat dans un conflit armé, Avis consultatif, 1996, ordonnance du 15décembre 1979 (mesures conservatoires), Rec 1979 ; arrêt du 24 mai 1980, Rec 1980.
C.I.J, Activités militaires et paramilitaires au Nicaragua et contre celui-ci (*Nicaragua c. Etats-Unis),* arrêt du 26 février 1984 (compétence et recevabilité), Rec 1986 ; arrêt du 27 juin 1986 (fond), Rec 1986.
C.I.J, Applicabilité de la section 22 de l'article VI de la convention sur les privilèges et immunités des Nations Unies *(Mazilu*), Avis consultatif du 15 décembre 1989, Rec 1989.
C.I.J, Différend relatif à l'immunité de juridiction d'un rapporteur spécial de la commission des droits de l'homme (*Cumaraswamy*), Avis consultatif du 29 avril 1999, Rec 1999.
C.I.J, arrêt du 27 juin 2001 dans l'affaire *LaGrand (Allemagne c. Etats-Unis d'Amérique*), Rec, 2001.
C.I.J, Mandat d'arrêt du 11 avril 2000 (*République démocratique du Congo c. Belgique*), arrêt du 14 février 2002, Rec 2002.
C.I.J, *Avena et autres ressortissants mexicains (Mexique c. Etats-Unis d'Amérique),* arrêt du 31 mars 2004, Rec, 2004.
C.I.J, Application de la convention pour la protection et la répression du crime de génocide (*Bosnie-Herzégovine c. Serbie-et-Monténégro*), ordonnances du 8 avril 1993

(mesures conservatoires) ; arrêt du 11 juillet 1996 (exceptions préliminaires), Rec. 1996 ; arrêt du 26 février 2007. Rec 2007.
C.I.J, Amadou Sadio Diallo *(République de Guinée c. République démocratique du Congo*), arrêt du 19 juin 2012, Rec C.I.J, 2012.

VIIII- Arrêts de la cour européenne des droits de l'homme

CEDH, Affaire *Soering c. Royaume-Uni,* arrêt du 7 juillet 1989.
CEDH, Affaire *Powell et Rainer c. Royaume-Uni*, arrêt du 24 janvier 1990.
CEDH, Affaire *Hokkanen c. Finlande*, arrêt du 23 septembre 1994.
CEDH Affaire *Lopèz-Ostrac. Espagne,* arrêt du 9 décembre 1994.
CEDH, Affaire *Mccan et autres c. Royaume-Uni*, arrêt du 27 septembre 1995.
CEDH, Affaire *Akdivar et autres c. Turquie*, arrêt du 16 septembre 1996.
CEDH, Affaire *Osman c. Royaume-Uni,* arrêt du 28 octobre 1998.
CEDH, Affaire *Maini c. République française*, arrêt du 26 octobre 1999
CEDH, Affaire *Pogozelec c. Pologne,* arrêt du 17 juillet 2001.
CEDH, Affaire *Broniowski c. Pologne*, arrêt du 22 juin 2004.
CEDH, Affaire *Broniowski c. Pologne*, 28 septembre 2005.
CEDH, Affaire *Brenière c. France*, arrêt du 28 février 2006.

CEDH, *Affaire Michelioudakis c. Grèce,* arrêt du 3 avril 2012.

X- Arrêts de la cour interaméricaine des droits de l'homme

CIADH, *Velasquez Rodriguez c. Honduras*, fond, 29 juillet 1988, Série C, n°4.
CIADH, *Vélasquez c. Honduras* (réparation), 21 juillet 1989, Série C, n°7.
CIADH *Aloeboetoe et autres c. Suriname*, Jugement-réparation, 10 septembre 1993, série C, n°15.
CIADH, *El Amparo c. Venezuela*, Jugement, réparations, 14 septembre 1996, Série C, n°28.
CIADH, *Castillo Paèz c. Pérou*, fond, 3 novembre 1997, série C, n°34.
CIADH, *Garrido et Baigorria c. Argentina,* Jugement, réparations, 27 août 1998, Série C, n°39.
CIADH, *Cantoral Benavides c. Pérou*, fond, 18 août 2000, Série C, n°69.
CIADH, *Baena Ricardo et autres c. Panama*, Fond, 02 février 2001, Série C, n°72.
CIADH, *Massacre de Mapiripàn c. Colombie*, fond, réparations et frais, 15 septembre 2005, série C, n°134.
CIADH, *Massacre de Ituango c. Colombie*, exceptions préliminaires, fond, réparations et frais, 1er juillet 2006, Série C, n°148.
CIADH, *La Cantuta c. Pérou*, fond, 29 novembre 2006, série C, n°162.
CIADH, *Cantoral Huamani et Garcia Santa Cruz c. Pérou*, 10 juillet 2007, série C, n°167.
CIADH, *Anzualdo Castro c. Pérou*, exceptions préliminaires, fond, réparations et frais, 22 septembre 2009, série C, n°202.

INDEX ALPHABÉTIQUE

(Les numéros renvoient aux paragraphes)

TABLES DES MATIÈRES

Structures éditoriales du groupe L'Harmattan

L'Harmattan Italie
Via degli Artisti, 15
10124 Torino
harmattan.italia@gmail.com

L'Harmattan Hongrie
Kossuth l. u. 14-16.
1053 Budapest
harmattan@harmattan.hu

L'Harmattan Sénégal
10 VDN en face Mermoz
BP 45034 Dakar-Fann
senharmattan@gmail.com

L'Harmattan Cameroun
TSINGA/FECAFOOT
BP 11486 Yaoundé
inkoukam@gmail.com

L'Harmattan Burkina Faso
Achille Somé – tengnule@hotmail.fr

L'Harmattan Guinée
Almamya, rue KA 028 OKB Agency
BP 3470 Conakry
harmattanguinee@yahoo.fr

L'Harmattan RDC
185, avenue Nyangwe
Commune de Lingwala – Kinshasa
matangilamusadila@yahoo.fr

L'Harmattan Congo
67, boulevard Denis-Sassou-N'Guesso
BP 2874 Brazzaville
harmattan.congo@yahoo.fr

L'Harmattan Mali
ACI 2000 - Immeuble Mgr Jean Marie Cisse
Bureau 10
BP 145 Bamako-Mali
mali@harmattan.fr

L'Harmattan Togo
Djidjole – Lomé
Maison Amela
face EPP BATOME
ddamela@aol.com

L'Harmattan Côte d'Ivoire
Résidence Karl – Cité des Arts
Abidjan-Cocody
03 BP 1588 Abidjan
espace_harmattan.ci@hotmail.fr

Nos librairies en France

Librairie internationale
16, rue des Écoles
75005 Paris
librairie.internationale@harmattan.fr
01 40 46 79 11
www.librairieharmattan.com

Librairie des savoirs
21, rue des Écoles
75005 Paris
librairie.sh@harmattan.fr
01 46 34 13 71
www.librairieharmattansh.com

Librairie Le Lucernaire
53, rue Notre-Dame-des-Champs
75006 Paris
librairie@lucernaire.fr
01 42 22 67 13

www.ingramcontent.com/pod-product-compliance
Lightning Source LLC
LaVergne TN
LVHW011312061026
849535LV00005B/1518